Las fronteras míticas del teatro mexicano

SABINA BERMAN
Entre Villa y una mujer desnuda

VICENTE LEÑERO
Todos somos Marcos

VÍCTOR HUGO RASCÓN BANDA
La mujer que cayó del cielo

Selección, estudios y bibliografía a cargo de
STUART A. DAY
University of Kansas

Con colaboraciones de Enrique Mijares y George Woodyard

LATR Books
University of Kansas
Colección Antología Frank Dauster No. 2

Day, Stuart A., ed.
Las fronteras míticas del teatro mexicano. Lawrence, KS: LATR Books, 2016. [Sabina Berman, *Entre Villa y una mujer desnuda*; Vicente Leñero, *Todos somos Marcos*; Víctor Hugo Rascón Banda, *La mujer que cayó del cielo*] Selección, estudios y bibliografía a cargo de Stuart A. Day, con colaboraciones de Enrique Mijares y George Woodyard [Colección Antología Frank Dauster No. 2].

ISBN 978-1-61539-743-3

LATR Books
Spanish and Portuguese
University of Kansas
Lawrence, Kansas 66045
Email: day@ku.edu
www.latrbooks.org
Managing Editor: Stuart A. Day
Editorial Assistants for this printing: Nathan Presnell, Angélica García Genel, and César Silva
Cover Design: Sarah Susan Sahin

First printing, June 2009
Second printing, April 2014

Design and typesetting:
Pam LeRow, Digital Media Services
College of Liberal Arts and Sciences
University of Kansas

Printed in the US by:
Allen Press, Inc.
Lawrence, KS 66044

This series is made possible through a generous grant from the College of Liberal Arts and Sciences of the University of Kansas.

Contenido

Prólogo: Las pautas automatizadas de la naturaleza humana
Stuart A. Day 5

Sabina Berman, intérprete del espíritu mexicano
George Woodyard 9

Entre Villa y una mujer desnuda 15

Vicente Leñero y el Teatro Clandestino
Stuart A. Day 55

Todos somos Marcos 63

Víctor Hugo Rascón Banda, retratista de mujeres extraordinarias
Enrique Mijares 83

La mujer que cayó del cielo 89

Bibliografía 127

LATR Books originate in the Department of Spanish and Portuguese, University of Kansas.

Managing Editor: Stuart A. Day

Editorial Board:

Jacqueline Bixler	Virginia Tech
Sandra Cypess	University of Maryland
Jean Graham-Jones	CUNY Graduate Center
Jorge Huerta	University of California, San Diego
Sharon Magnarelli	Quinnipiac University
Priscilla Meléndez	Yale University
Kirsten Nigro	University of Texas, El Paso
Laurietz Seda	University of Connecticut

LATR Books are published by the Department of Spanish and Portuguese, the University of Kansas, Lawrence, Kansas as an initiative to foster the distribution of texts and information about the theatre of Latin America both to an academic and a general public. The editors gratefully acknowledge permission from the playwrights to include their texts in this edition.

The plays published here are works of fiction. The content of this work is protected under the laws governing the reproduction or distribution of such printed materials. The University of Kansas claims copyright only in the compilation of materials published together. This agreement does not affect the author's performance rights. Those persons interested in staging the plays in this anthology should contact the authors directly, or via LATR Books.

Las pautas automatizadas de la naturaleza humana

El título de este volumen, *Las fronteras míticas del teatro mexicano*, resalta la confluencia de tres autores – Sabina Berman, Vicente Leñero y Víctor Hugo Rascón Banda – que aparte de escudriñar los intersticios de la vida mexicana también manifiestan interconexiones temáticas más allá de las murallas geopolíticas. Estos tres creadores comparten una característica frecuente en comunidades artísticas llenas de dinamismo: la variedad impresionante de su oficio. Como se ve en las introducciones de las obras individuales (elaboradas por George Woodyard, Enrique Mijares y Stuart Day), además de teatro sus proyectos incluyen películas, novelas, cuentos, reportajes y escritos autobiográficos. También tienen en común una época, y a pesar del hecho de que Leñero sea de una generación anterior a la "nueva dramaturgia mexicana," como Ronald Burgess y otros denominan a la filiación de Berman y Rascón Banda, los une la necesidad *sine qua non* de cuestionar lo supuestamente natural u obvio – de las relaciones de género, de la historia, de las afiliaciones personales y políticas, de la identidad, por ejemplo – para dejar ver las condiciones históricas que definen la vida humana. Lo que se nota en los textos de esta antología, y en el teatro mexicano contemporáneo, es que los estudiantes de los talleres de dramaturgia de Luisa Josefina Hernández, Emilio Carballido, Vicente Leñero y Hugo Argüelles, entre otros, también han formado a sus maestros, y que es la polinización multidireccional y la afiliación entre las generaciones lo que marca su trayectoria creativa.

Las influencias en estos tres autores son por supuesto diversas e internacionales, pero comparten una herencia mexicana que incluye, entre múltiples otros estímulos, al Teatro de Ahora y al Teatro de Orientación de los años treinta, grupos que representaban innovaciones para el teatro mexicano en términos de compromiso social e innovación artística. También importante para el desarrollo del teatro mexicano del siglo veinte en adelante es *El gesticulador*, la obra de Rodolfo Usigli escrita en los años treinta que presenta a un profesor universitario que finge ser héroe de la Revolución de 1910. Aunque con razón aboga por la inclusión de otros dramaturgos en el panteón originario del teatro mexicano contemporáneo, Kirsten F. Nigro, escribe: "[W]ith *El gesticulador* Usigli successfully joins together two dramatic currents that were then struggling to gain legitimacy in Mexico: playwriting in a serious realistic manner (à la Ibsen and Shaw) and playwriting with a national focus and concern. With its keen depiction of the posturing and role-playing endemic to the Mexican political scene, *El gesticulador* continues to be relevant if not prophetic" (220).

La influencia de Usigli, artista que como los autores de este volumen tuvo una vida profesional multifacética, es impresionante; la hipocresía enmascarada que destapa este escritor, catedrático y político al escenificar el México posrevolucionario se manifiesta en las ideas de otros intelectuales, entre ellos Octavio Paz, que en su ensayo "Máscaras mexicanas" reconoce y extiende el pensamiento usigliano: "La simulación es una actividad parecida a la de los actores y puede expresarse en tantas formas como personajes fingidos. Pero el actor, si lo es de veras, se entrega a su personaje y lo encarna plenamente, aunque después, terminada la representación, lo abandone como su piel la serpiente. El simulador jamás se entrega" (46). Invito a los lectores de esta antología a reconocer en las simulaciones teatrales no solamente a los mexicanos sino a los seres humanos, pues no se debe olvidar que es uno de los personajes de *El gesticulador*, un profesor universitario de Harvard, quien emplea el poder adquisitivo de su institución para enmascarar su ambición personal.

Las máscaras, los roles sociales, la gesticulación, las fachadas, la repetición de actos que llegan a parecer naturales, marcan los textos mexicanos de esta colección. Berman desenmascara el mito del macho representado por Villa y el mito izquierdista del personaje supuestamente progresista, Adrián, quien afirma en *Entre Villa y una mujer desnuda* (estrenada en 1993) que "natural como natural es una imposibilidad; natural como pautas automatizadas es no sólo posible, es por desgracia un poco menos que inescapable." El título de esta obra, con su evidente alusión al personaje revolucionario de Villa, además de la necesidad de escoger entre dos amores (Gina y Villa), contiene una alusión a la obra ecuatoriana *Entre Marx y una mujer desnuda*, que hace resaltar la importancia de los sistemas económicos – en este caso el de la ideología neoliberal que demanda una reducción en programas sociales, la privatización de compañías estatales y el comercio libre – , uno de los muchos temas presentados en el texto de Berman.

Todos somos Marcos (estrenada en 1995), de Leñero, toma su título del lema común entre la gente que apoya a los zapatistas, el grupo revolucionario en el que Laura, la protagonista de la obra, se alista. En una entrevista con Leñero, Marcos dijo lo siguiente para afirmar la solidaridad que proveen las máscaras:

"Si desaparece Marcos con pasamontañas, cualquiera de nosotros se pone un pasamontañas y ése es Marcos." Durante una manifestación para protestar la revelación por parte del gobierno de la identidad (mestiza) del subcomandante Marcos, un intento fallido de desinflar su autoridad como vocero de los indígenas chiapanecos, miles de mexicanos llevaron paliacates y pasamontañas. En *Todos somos Marcos,* Laura llega a casa con su propio pasamontañas zapatista, inspirada y deseosa (como Gina en *Entre Villa y una mujer desnuda*) de tener una conversación seria con Raúl. La discusión entre el supuesto convencido izquierdista y la recientemente enrolada zapatista termina por revelar que él a su vez tiene un disfraz metafórico. La obra destapa a otros de la izquierda mexicana que sólo gesticulan al apoyar a los indígenas. En la última escena de la pieza Raúl arroja el pasamontañas hacia el público, una acción que rompe la cuarta pared y que posiblemente produzca en el público un cuestionamiento de su propia complicidad.

Rascón Banda, por su parte, nos recuerda en *La mujer que cayó del cielo* (estrenada en 1999) que el proceso de enjaular literal y metafóricamente al "otro" destapa nuestra propia inseguridad identitaria. Los representantes de agencias del gobierno en la obra manifiestan el miedo a lo extranjero, a lo no identificable, y la deshumanización sistemática de Rita garantiza que los policías o doctores – para no mencionar a la sociedad en general – puedan afirmar su identidad "humana." Las máscaras legales y de la medicina, con su frialdad clínica y su adicción a los fármacos, nos recuerdan que la simulación no es propiedad de ningún país. El título de la obra se basa en la cosmovisión tarahumara, grupo indígena del norte de México, que explica que su gente viene de "arriba." Esta idea es interpretada de una manera completamente diferente en la institución psiquiátrica de Larned, Kansas, en donde los doctores piensan que Rita, la personaje central, se cree Dios. No obstante el mensaje crítico de la obra (que no sólo es una invectiva contra los Estados Unidos, pues Rita viene *de* y termina *en* situaciones injustas), en *La mujer que cayó del cielo* es un estudiante, Giner, basado en un personaje real, quien participa en la liberación de Rita – por lo menos de su encarcelamiento en Kansas.

De hecho son los jóvenes en las tres obras de esta colección quienes facilitan el cambio: Giner toma en serio la sugerencia de un universitario y se dedica a reconocer a Rita como persona, a usar el lenguaje como vehículo para promover el entendimiento humano; Ismael, el joven anti-machista de *Entre Villa y una mujer desnuda* ofrece para Gina una alternativa (imperfecta) para deshacerse de las "pautas automatizadas" de su actuación diaria; y Laura, una mujer de unos treinta años con un compromiso social genuino, que convierte en realidad los viejos deseos universitarios de luchar por un mundo más justo. Así que estas obras, aunque descubran los matices de la simulación y resistan las conclusiones fáciles, también representan cierta esperanza – se ve que de vez en cuando, debajo de las máscaras, reside la posibilidad de superar las fronteras y de cuestionar, y hasta de reescribir, los mitos.

Stuart A. Day
Universidad de Kansas

Sabina Berman, intérprete del espíritu mexicano

El teatro de Sabina Berman se ha establecido como uno de los fenómenos más destacados del mundo latinoamericano en décadas recientes. A partir de los 70 cuando ella estrena sus primeras obras, deja clara evidencia de un talento extraordinario. En obras posteriores, se ha confirmado este talento para escribir un teatro posmodernista que capta la esencia de un mundo histórico, político, cultural y aun religioso, donde las vicisitudes humanas (el poder, la corrupción, la avaricia, etc.) dominan sus conceptos dramáticos.

Berman nace en México en 1955 en una familia de origen judío-polaco. Es licenciada en psicología en la Universidad Iberoamericana; su madre es una de las psicoterapeutas más conocidas de México con fama internacional. Berman trabajó en la revista *Siempre* y el diario *La jornada* hasta establecerse como persona de letras con su propia fama nacional. Estudió dirección escénica en el CADAC (Centro de Arte Dramático, AC) con Héctor Azar y fue asistente de dirección de Abraham Oceransky y actriz en varios de sus montajes. Participó en el taller de poesía de Alicia Reyes en la Capilla Alfonsina. Cuatro veces Berman ha recibido el Premio Nacional de Bellas Artes, y es la única persona en la historia literaria mexicana que lo ha logrado.

Su primera obra importante es *Bill* (después *Yankee*) en 1979, en la cual un gringo, veterano de la guerra de Vietnam, sigue sufriendo las angustias de su experiencia bélica. Bill vive en México con un matrimonio donde la mujer le presta más atención a él que a su propio marido. Un denominador común en muchas de sus obras es el personaje que escribe novelas. En este caso, el marido resulta ser la víctima de la violencia de Bill. *Rompecabezas*, escrito con el título *Un buen trabajador de piolet* en 1981, es efectivamente un rompecabezas sobre la muerte de León Trotsky en la Ciudad de México, indicando el temprano interés de Berman en la historia. *Anatema* (1983), premio nacional de teatro del INBA, conocido después como *Herejía* o *Marranos* y en su versión más reciente, *En el nombre de Dios*, sucede en tiempos de la Colonia y enfoca la vida de la familia judía Carvajal en la Ciudad de México. Frente a la opresión religiosa de México durante aquel tiempo, la familia se ve forzada a claudicar sus raíces y sus creencias, pero al final se descubre la verdad y la familia entera muere a manos de la Santa Inquisición. Desde el comienzo se nota en Berman la tendencia a cambiar los títulos de sus obras en versiones posteriores. Este fenómeno va paralelo a la tendencia en la época postmoderna de re-escribir los hechos de la historia en un constante proceso de revisionismo. Otro ejemplo es una de las primeras obras de Berman, *El jardín de las delicias* (1976), que más tarde será conocida como *El suplicio del placer*.

Muerte súbita (1988) se asemeja a *Yankee* en los personajes, así como la situación y el tema del encuentro entre culturas. Un novelista de clase media y su esposa, una modelo, viven en un departamento de paredes y techos derruidos. Un viejo amigo del mundo de las drogas, recién salido de la cárcel, invade el espacio particular de ellos con consecuencias trágicas. El intruso, también escritor de cuentos, hiere a su amigo burgués después de varios complicados juegos sexuales. Es otra manifestación de la barbarie y la civilización en un ambiente mexicano. *Aguila o sol* (1984), obra escrita por encargo, es una re-elaboración no realista de la conquista española tras la llegada de Hernán Cortés a México, y enfocada desde el punto de vista de los aztecas.

Berman se preocupa de problemas de su realidad social, especialmente aquéllos que se centran en la mujer, en el sexo, y en los roles. Ella cuestiona lo inmutable de la realidad y la confiabilidad de los hechos históricos. Se aprovecha de la ironía, de la parodia y de un humor sutil e irónico para mitigar la seriedad de los temas que trata. Es una concepción muy original del proceso creativo. Se destacan los rasgos poéticos con el empleo de un discurso que indaga constantemente en los roles que se les atribuyen a ambos sexos. Los textos mismos proponen ser contemplados desde diferentes puntos de vista.

Como escritora sumamente comprometida con su ambiente, Berman ha escrito obras levemente disfrazadas sobre la crisis político-económica en México como *Krisis* (1996), una obra que tardó casi un año en estrenarse al no encontrar una sala para su representación. La escena inicial con los chicos y una criada resuena al episodio histórico del entonces joven Carlos Salinas de Gortari, más tarde Presidente de la República, quien mató a una sirvienta a raíz de una querella doméstica. *La grieta* (1997) se vale de una escenografía complicada en la que se pone de relieve una grieta movible en el techo de un edificio a punto del colapso, como resultado de una construcción pésima por el robo de los materiales esenciales que debían usarse al levantar el edificio. Como metáfora de un sistema político y económico también en gran desorden, la obra señala de una manera grotesca, mediante el ir y venir rápido de los personajes por las tres puertas que se encuentran al fondo de la escena, lo absurdo de la política mexicana y la corrupción existente que llega a dimensiones exageradas.

Las obras más recientes de Berman incluyen *Molière* (1997), dramatización de un conflicto entre dos visiones diferentes de la vida – lo cómico y lo trágico – expresadas teatralmente por las grandes figuras de Molière (la comedia) y Racine (la tragedia) durante la época de Luis XIV. *Feliz nuevo siglo, Doktor Freud* (1999), basada en *El caso Dora*, presenta una nueva imagen de Freud, su genio y su tragedia, y su influencia enorme durante el siglo XX. Su pieza *65 contratos para hacer el amor* (2000) es una obra ingeniosa basada en la alternancia de parejas muy eclécticas, siguiendo el modelo establecido por Schniztler en *La Ronde*.
Sabina Berman es una escritora enormemente versátil. Su teatro para niños incluye *La maravillosa historia del chiquito Pingüica* (1982), una pieza que ganó el Premio nacional de teatro para niños del INBA, además de *Caracol* (1991), *Colibrí* (1991) y *El árbol de humo* (1994). Ha escrito crónicas, como *Volar la tecnología Maharishi del campo unificado* (1987, 1992); una novela, *Un grano de arroz* (1994); poemas, *Poemas de agua* (1986); y una narración biográfica sobre su relación con su abuela, *La Bobe* (1990). Además, tiene una cantidad de obras teatrales no mencionadas hasta ahora: *Uno más uno* (1980), *Esta no es una obra de teatro* (1982*); La reacción* (1982), *Un actor se repara* (1984); *Los ladrones del tiempo* (1991), *El gordo, la pájara y el narco* (1994); *Dientes* (1994), *El pecado de tu madre* (1994), y *Amante de lo ajeno* (1997). Ha publicado *Mariposa* (1974), premio Pluridimensional Juguete; *Ocho cuartos igual a dos humores* (1975), Premio Pluridimensional Máscara, *Lunas* (1988); *8/4=2 humores* (1976), obra premiada.
Entre otros proyectos, Berman está trabajando actualmente en una película con el director mexicano Alfonso Cuarón. Sus producciones recientes incluyen la traducción y adaptación de *Stones in His Pockets* de Marie Jones, cuya puesta en escena, titulada *eXtras* (2002), fue un tremendo éxito. Los hermanos Bichir (dos de los tres para cada representación), conocidos con razón por su talento, le ayudaron a Berman a lograr llegar a un público teatral más amplio, pues más de un millón de espectadores gozaron de esta obra en el D.F. y en el interior del país. En 2004 Berman llevó otro éxito internacional al escenario mexicano, esta vez con cierta controversia, sin duda esperada. Su adaptación de *Puppetry of the Penis* de Simon Morley y David Friend, con su título mexicano *Las marionetas del pene*, fue un *tour de force* de papiroflexia genital, en que los hombres—y una anfitriona—usaron el humor corporal para fomentar un diálogo sobre la masculinidad. Berman también publicó un guión cinematográfico, titulado *Backyard*, que recientemente se estrenó en la pantalla grande. Esta película sobre los asesinatos de mujeres jóvenes en Ciudad Juárez es una contribución poderosa a la ola de voces en contra de la violencia hacia la mujer. Los temas que trata Berman no son siempre tan serios, aunque en su programa actual en TV Azteca,

en que "cualquier cosa va" (de hecho el programa se llama Shalalá), Berman y su co-productora Katia D'Artigues también tratan temas de mucha importancia social, como por ejemplo su entrevista con Andrés Manuel López Obrador. Después de las elecciones de 2006, cuando éste no fue declarado presidente electo, Berman publicó un reportaje testimonial (*Un soplo en el corazón de la patria: instantáneas de la crisis*) en que cuestiona si hubo o no fraude. A diferencia de muchas personas que escribieron sobre estas elecciones, Berman, con un toque posmodernista, le deja al lector decidir para sí mismo si Felipe Calderón fue el verdadero ganador o no.

Las inquietudes posmodernistas de Berman también la llevan a explorar los valores culturales, la historia y la sexualidad. La obra incluida aquí se titula *Entre Villa y una mujer desnuda*, estrenada en el D.F. en 1993. Publicada poco después y luego filmada en México en una versión dirigida por la misma autora, es sin lugar a dudas la obra que mejor capta toda la esencia de la dramaturgia bermaniana. Jugando con la división de los sexos y la Revolución Mexicana, Berman nos entretiene al mismo tiempo que nos obliga a enfrentarnos con las concepciones tradicionales del machismo, de la historia, y de la mujer moderna en México. Como ella explica en una entrevista publicada en *Elle*, "Al machismo mexicano hay que combatirlo a golpes de metáforas, llenas de amor, de pasión, y con un lenguaje de ensueños" (46).

La obra consta de cuatro actos, una estructura que desafía las fórmulas tradicionales, pero que corresponde a las cuatro etapas de la relación Gina/Adrián. El conflicto principal se desarrolla entre Gina, una mujer inteligente e independiente, y Adrián, profesor de historia y escritor de novelas sobre la Revolución Mexicana. Gina y Adrián tratan de establecer los parámetros de una relación moderna y abierta. Ellos buscan su propia identidad dentro de una nueva realidad. Pasan por distintos procesos en su relación de pareja: de dependencia/independencia, falta de comunicación, crisis de edad mediana, en la búsqueda de algo más tangible. Adrián sabe exactamente lo que quiere: tener una relación sexual con Gina, en cualquier momento. Es decir, él llega a la casa de ella en un horario muy irregular pero Gina siempre está dispuesta a recibirlo. Poco a poco, sin embargo, Gina comienza a rebelarse contra la actitud machista y abusiva de Adrián. Primero pide, luego demanda, una relación más estable, más permanente. El contraste notable entre la masculinidad agresiva y estereotípica de Adrián y la actitud suave y compasiva (algo feminizada) de Ismael es, a fin de cuentas, lo que motiva la acción dramática. Gina no aparece en el acto final porque se ha ido con Ismael, una acción totalmente desconcertante, que roza con lo increíble, para Adrián. Sus intentos de buscar consuelo con Andrea lo llevan a una frustración completa porque no corresponden a los mismos parámetros. Hacia el final, resulta irónica su incapacidad sexual que pone en evidencia las nuevas circunstancias por las que atraviesa su vida.

Las intervenciones de Pancho Villa están ligadas al carácter de Adrián y representan las mitologías que existen dentro de la cultura mexicana. Esta obra posmodernista invierte la estructura tradicional. La intervención directa de Pancho Villa, máximo exponente del machismo mexicano, gran mujeriego e idealista de la Revolución, sirve para mostrar que no ha cambiado nada durante el siglo. Sus descendientes "están igual de chingados como él de escuincle," lo cual pone de manifiesto que la Revolución falló en sus propósitos. Plutarco Elías Calles, el abuelo de Andrea, puso en marcha ciertas políticas que llevaron a la destrucción de Zapata y Villa. Por otra parte, las maquiladoras y el uso del inglés son sólo dos signos de que no todo está funcionando bien en México.

La Revolución Mexicana que brotó en el año 1910 podía haber sido el vehículo para solucionar los problemas intrínsecos del sistema mexicano. Con una rápida sucesión de líderes no se cuajaron los intereses populares. La famosa novela de la Revolución, *Los de abajo* (1915) de Mariano Azuela, confirmó en la literatura lo que se reconocía en la calle: que los de abajo, cuando llegan al poder, se aprovechan de igual manera que los de la clase baja. El idealismo de Pancho Villa se combina aquí con unas tendencias marcadas hacia la violencia, igual que en su vida real cuando por motivos de revancha invadió a Estados Unidos con sus tropas cerca de Columbus, Nuevo México y mataron a 16 ciudadanos norteamericanos.

Berman explora muchas facetas de la vida contemporánea en México aun cuando no intenta dar soluciones a todos los problemas complejos que propone. Su teatro expresa la desilusión con los viejos sistemas tradicionales de México: el machismo desenfrenado, la discriminación contra la mujer, la corrupción como norma de la vida política. A la vez, expresa una confianza fuerte en la habilidad de la mujer para seguir un nuevo camino. Aprovechándose del humor, tanto lingüístico como situacional, la parodia y la sátira, Berman utiliza ciertos símbolos con mucha destreza. En esta pieza, por ejemplo, el té, como nos ha indicado la profesora Magnarelli en su artículo, subraya el contraste entre las actitudes fundamentales de Gina y Adrián. Berman, con su fino sentido de la psicología, sabe crear personajes que fascinan al mismo tiempo que nos revelan verdades básicas sobre la vida y la cultura mexicanas y los valores más universales.

George Woodyard
Universidad de Kansas

Entre Villa y una mujer desnuda. Foto de Isabelle Tardán

Entre Villa y una mujer desnuda

Sabina Berman

para Isabelle, again and again

Personajes

Gina, hacia los 40 años
Adrián, 45 años
Andrea, entre 30 y 45 años
Villa
Ismael, como de 22 años
Mujer
Doña Micaela Arango
(Andrea también es la Mujer)

Entre Villa y una mujer desnuda se estrenó en 1993 en el Teatro Helénico de la Ciudad de México, bajo la dirección de Sabina Berman, con la producción de Isabelle Tardán y Sabina Berman. La escenografía fue de Carlos Trejo.

Gina	Diana Bracho
Adrián	Juan Carlos Colombo
Andrea	Laura Almela
Villa	Jesús Ochoa
Ismael	Gabriel Porras
Doña Micaela Arango	Evelyn Solares

La primera puesta permaneció en cartelera más de dos años. Se cerró cuando inició la filmación de la película basada en ella.

Gina no tiene que ser especialmente atractiva, pero uno desearía de inmediato tenerla de amiga. Sus ademanes son suaves y en general tiende a conciliar su entorno. Si en las escenas de esta historia pierde el buen juicio con cierta frecuencia – se vuelve brusca o comete locuras – es porque circunstancias extremas están desequilibrando su natural gentileza.

Adrián tampoco tiene que ser especialmente atractivo, pero cualquier mujer desearía invitarlo a cenar y averiguar si es cierta esa sensualidad que se le entrevé por la corteza sobria y áspera. Tiene una elegancia calculadamente descuidada, tan común en los caracteres intelectuales sofisticados, y una labia hipnótica. De pronto el discurso político puede literalmente poseerlo y entonces habla rápido y fervientemente.

Andrea es una mujer directa. Se parece al expresidente Plutarco Elías Calles en los gestos, la facha y la inteligencia. Si esto parece indicar que no es una mujer atractiva, lo primero es invitar al lector a revisar las fotografías del guapo Plutarco; lo segundo es asegurar que tiene un encanto físico y una divertida tendencia mental a la ironía. Y por supuesto Andrea es la socia ideal para cualquier empresa que requiere energía y decisión.

Ismael es un joven bien fornido. Cuando está cerca de Gina tartamudea y suspira y clava la mirada lánguidamente, pero con cualquier otro mortal luce una desenvoltura que a veces se rebasa hasta la insolencia. Suele ir con pantalones vaqueros muy gastados y tenis y lleva en la oreja derecha una arracada de plata.

Villa es el Villa mítico de las películas mexicanas de los años cincuenta, sesentas y setentas. Perfectamente viril, con una facilidad portentosa para la violencia o el sentimentalismo.

Época actual.

1. Un departamento en la Colonia Condesa de la Ciudad de México:
Una sala con al menos estos elementos: un ventanal grande, un sofá, una mesita baja, un taburete; puerta principal y accesos a la cocina y al dormitorio.
Un dormitorio.
2. Entrada a un edificio de departamentos.

Para el estreno de *Entre Villa y una mujer desnuda* se diseñó un espacio que siendo la sala del departamento de Gina podía ser sin ningún cambio físico los otros lugares que plantea la obra.

Las escenas donde aparece Villa pueden sin problema realizarse en la sala, en un juego escénico que permite convivir dos tiempos históricos. Sin mayor explicación Villa y la Mujer de época revolucionaria pueden tomar té en esa sala contemporánea. Igualmente Villa y su madre pueden pasearse por la sala, usando el espacio como si se tratara de campo abierto; de ahí que sean plausibles las acotaciones que indican que Gina al fumar un cigarro en su sala echa el humo sobre Villa y Villa comenta que hasta ahí llega el humo del campo de batalla, o que Villa toma de la mesita donde Gina escribe a máquina la botella de tequila y bebe de ella.

En el primer acto la parte posterior de la sala se convertía en un dormitorio cuando allí se deslizaba una cama donde Gina y Adrián, acostados, conversaban; al mismo tiempo en la parte de la sala más próxima al proscenio Villa y la Mujer toman té.

(La forma del plano de la sala era, esquemáticamente, una cruz: un área donde estaba el sofá, al frente; en medio un pasillo estrecho, en cuyo extremo izquierdo se encontraba la puerta principal y en cuyo extremo derecho estaban los dos arcos, accesos a la cocina y el dormitorio; atrás otra área de sala, dominada al fondo por un ventanal de medio arco.)

Asímismo la parte posterior de la sala, mediante un efecto de luz y sonido que evocaba la lluvia se convertía en la entrada al edificio de Adrián; el ventanal giraba para ser el portón con su interfón.

A la directora le pareció entonces imprescindible la cercanía del acceso a la cocina con el acceso al dormitorio, dadas las entradas y salidas rápidas de los personajes que se plantean en el primer acto.

I
1

Andrea y Gina toman té en la sala.
GINA: Cada dos o tres semanas.
ANDREA: ¿Dos o tres semanas?
GINA: O cuatro días.
ANDREA: Ya.
GINA: Llama por teléfono antes de venir.
ANDREA: Ay, qué hombre más amable. *(Gina enciende un cigarrillo largo y negro.)*
GINA: Dice: Estoy a una cuadra de tu departamento, ¿puedo verte? O: estoy en la universidad, necesito verte. O: hablo del teléfono de la esquina, ¿me recibes? Siempre lo recibo.
ANDREA: Ya.
GINA: Le abro la puerta – hay un cierto ritual. Le abro la puerta, se queda en el umbral, me mira. Me mira.... Luego, se acerca: me besa. *(Se toca los labios.)*
ANDREA: Tú a él no.
GINA: No. Tiene que pasar un momento, o dos, o tres, antes de que algo... algo: el sentimiento, me regrese de la memoria. Entonces subo la mano a su cabello y... hasta entonces se me abren.
ANDREA: Se te abren... ¿qué?
GINA: Los labios. La crema. Se me olvidó la crema. *(Sale a la cocina, llevándose su taza.)*
ANDREA: Los labios. ¿Cuáles? *(Suena la campanita de la puerta principal.)*

2

Gina abre la puerta. Es Adrián, en su impermeable beige, gastado por una decena de años de amoroso uso, el hombro contra el quicio. Se miran. Adrián estrecha a Gina por la cintura y la besa en los labios, mientras la encamina al dormitorio. Pasa un instante, dos, tres, antes de que la diestra de ella suba a la melena cana de él, y ahí se hunda. Antes de cruzar el quicio del dormitorio él la levanta en sus brazos, salen.

3

Mientras Gina regresa de la cocina con la cremera.
ANDREA: Directo a.... *(Hace un gesto que implica hacer el amor.)* Eso es lo que se llama un hombre directo. Aunque dices que ya dentro de la cama es menos.... O más.... Bueno, ¿cómo dices que es?

Gina: No, ya dentro es... ay Dios.... (*Vierte la crema desde quince centímetros de altura, larga, lentamente.*) Ya dentro es....
Andrea: ¡Mmmhmm! ¡Mhmhmm! Así está bien (*de crema*), gracias.
Gina: La Gloria, Andrea. Ya dentro es la Gloria.
Andrea: ¿Entonces cuál es el problema?
Gina: El problema es cuando llega.
Andrea: Claro, cuando llega y así (*truena los dedos*) te da la espalda, y ni quién te ayude a ti porque él ya está dormido. Te digo qué: se llama "mucha madre": lo aprenden con sus mamás, que les dan todo sin pedir a cambio nada. (*Gina la mira molesta.*)
Andrea: ¿Qué? ¿No tuvo mamá?
Gina: No es eso. El problema, dije, es cuando llega....
Andrea: ¿...Ajá...?
Gina: Aquí al departamento.
Andrea: Ah, aquí al departamento.
Gina: Antes pues de hacer el amor.
Andrea: Oh, antes.
Gina: Sí, aquí en la sala, se inicia esta lucha ridícula. Él tratando de llevarme inmediatamente a la cama y yo tratando de sentarlo para tomar un té.
Andrea: ¿Te quieres casar...?
Gina: ¿Casar con él? No. No. (*Se ríe.*) No. (*Seria.*) No. Para nada. En serio. No.
Andrea: ¿Porque ya está casado?
Gina: No. Aunque no lo estuviera. De veras.
Andrea: Y si no te quieres casar con él, ¿para qué quieres tenerlo sentado en la sala? (*Al detenerse a pensarlo Gina se va enojando....*)
Gina: Quiero tomarme un té con él, ¿es un pecado?
Andrea: Tomar un té, en principio, es saludable.
Gina: Carajo, se me olvidó mi té. (*Sale a la cocina, llevándose la charola con el juego del té.*)
Andrea: (*Luego de probar su taza.*) ¿Por qué se llevó todo? Esta mujer está muy nerviosa. (*Suena fuera un teléfono.*)

4

Gina entra hablando por teléfono.
Gina: ¿En dónde estás? (*Pausa breve.*) En el aeropuerto ¿de aquí? (*Pausa breve.*) ¿Te vas o llegas?
Andrea: ¿Gina...?
Gina: Tenía una cita con mi socia.... Pero no importa: ven.

ANDREA: ¿No importa?
GINA: Sh.
ANDREA: Ni quién te ayude.
GINA: (*Pausa breve.*) Pero en tres cuartos de hora llegas aquí. (*Pausa breve.*) Sí, también yo. También yo.... También.... Ay Vida, también.... (*Andrea sale por la puerta de la cocina. Gina se queda teléfono en mano respirando densamente. Suena la campanita de la puerta principal.*)

5

Gina cuelga y va a abrir la puerta. Es Adrián, el hombro recargado contra el quicio, en impermeable, a un lado ha dejado su maleta. La mira largo, fijamente. Hay algo desamparado en su expresión.
ADRIÁN: (*Quedo, grave.*) ¿Puedo...?
GINA: Sí.
ADRIÁN: ¿Segura?
GINA: Sí.
ADRIÁN: Me muero si un día me dices: no, ya no, ya nada.
GINA: O si tú ya no llamas, yo me muero.
ADRIÁN: No, *yo* me muero.
GINA: Está bien, si no me llamas, muérete.
ADRIÁN: Está bien. (*Adrián abraza a Gina por el talle y la besa en los labios; retroceden hacia el dormitorio besándose. Pasa un momento, tres, ella sube la diestra a su melena. A un paso del dormitorio él la levanta en brazos, pero Gina se acuerda de sus propósitos y salta al piso.*)
GINA: Espérate. Vamos a tomar un té.
ADRIÁN: ¿Un qué?
GINA: Hace un mes que no te veo, carajo.
ADRIÁN: Por eso.
GINA: *Por eso.* (*Zafándose y entrando a la cocina.*) Bueno, cuenta.
ADRIÁN: (*Yendo a colgar su impermeable en el perchero.*) ¿Cuento qué? Te dije: estuve en Toronto. ¿No te dije? Te dejé un recado en tu contestadora, hace un mes. Y estuve un mes fuera. Di unas clases. Un curso.
GINA: ¿De?
ADRIÁN: ¿De? De historia de la Revolución Mexicana. ¿Y el té?
GINA: (*Que recién ha salido de la cocina.*) El agua tarda en hervir.
ADRIÁN: ¿Ah, sí? (*Gina va a sentarse al sofá.*)
GINA: Toronto que queda en el sur de Canadá. En la frontera de los Estados Unidos.
ADRIÁN: Junto a las Cataratas del Niágara.

GINA: Fíjate. Así que hasta ahí se interesan por la Revolución Mexicana.
ADRIÁN: Gina, necesito... sentirte... que me toques....
GINA: Ven, siéntate. ¿No podemos platicar como si fuéramos seres humanos? *(Adrián lo piensa. Va a sentarse al sofá, pero Gina extiende en el sofá las piernas para ocuparlo entero. Resignadamente Adrián toma asiento en un taburete.)*
GINA: ¿Y cómo las encontraste, a las Cataratas del Niágara?
ADRIÁN: ¿Cómo las encontré? Le dije al taxista: lléveme a las Cataratas.
GINA: Pero cómo las encontraste, burro.
ADRIÁN: Ah, pues... son unas caídas de agua... imponentes, esa es la palabra: imponentes. ¿Sabes? Toneladas de agua por segundo cayendo....
GINA: *(Interrumpiéndolo.)* Las conozco. Estuve allí con Julián, hace diez años.
ADRIÁN: *(Molesto.)* Con Julián.... ¿Y la pasaron bien? *(Silencio. La plática se ha agotado. Adrián se cambia al sofá, apasionado, dispuesto a besarla.)*
ADRIÁN: Me encantas, me encantas. Sueño contigo. *(Suena el silbido de una tetera. Gina se apresura a la cocina.)*
ADRIÁN: ¡¡¿A dónde vas?!!
GINA: ¡¡El té!! ¿No íbamos a tomar té? *(Desde la cocina.)* ¿Trabajaste en lo de Villa?
ADRIÁN: La monografía de Villa. Sí. Va bien. La verdad llevo las notas sobre Villa a todas partes. Estoy en una reunión del consejo del periódico, y discretamente estoy dibujando en mi cuaderno sombreritos norteños. Pienso en Villa hasta dormido. Pero la verdad, en este momento quisiera descansar de don Pancho Villa, si no te importa. *(Pausa.)* Es decir: empecé ya a trazar el esquema del libro. Es lo que menos me gusta. Lo que quisiera es ya estar... ¿cómo decirlo?, montado en el tema. Concretamente quisiera ya estar cabalgando con el Centauro rumbo a la Ciudad de México. Villa seguido de la División del Norte. Un ejército resbalando hasta la ciudad. Un ejército de desharrapados: un pueblo de desharrapados precipitándose sobre la "Ciudad de los palacios." Todos estos cabrones muertos de hambre viniendo a cobrarse lo que es suyo de los politiqueros burgueses y perjumados y jijos de la chingada. Bueno, va a estar mejor escrito que como lo cuento. En fin, hablemos de otra cosa. Aunque no mucho mejor escrito. No escrito con delicadezas, mariconerías lingüísticas. Quiero hacer sentir toda la violencia del asunto, quiero que mi libro huela a caballo, a sudores, a pólvora, ¿y el té? *(Gina ha regresado a tomar asiento en el sofá.)*
GINA: Está infusándose.
ADRIÁN: In-fu-sán-dose. Qué fascinante.
GINA: ¿Cómo está Marta? *(Pausa incómoda.)*
ADRIÁN: *(Luego de carraspear.)* No las he visto. Digo: hace cuatro semanas que no las veo. Estuve en Toronto, recién te dije. *(Se suaviza.)* Están bien, perdón,

ayer hablé con Marta de larga distancia, la niña estaba dormida pero supongo que está bien. Hoy en la noche las veo. Gina, no sé por qué me hablas de mi hija y su madre. Me... incomoda.
GINA: Porque me habló Marta.
ADRIÁN: ¿Te habló a ti?
GINA: No le diste el dinero de abril para la niña.
ADRIÁN: Ya sé, pero no tiene porque meterte.... ¿Cómo está tu hijo?
GINA: Bien. Iba a venir de vacaciones pero prefiere quedarse estudiando en Boston, para los exámenes.
ADRIÁN: Gina, yo ya no vivo con esa mujer. Son asuntos del pasado, ruinas del pasado. Me crees, ¿no?
GINA: Yo te creo todo.
ADRIÁN: Pues haces mal. Soy un desobligado. Abandono lo que más amo. No sé por qué. Lo sabes, es evidente: llevo dos matrimonios fracasados, pero quieres no saberlo. Quieres cambiarme. Más fácil sería que me cambiaras por otro hombre.
GINA: ¿Qué opinas de las elecciones en Oaxaca?
ADRIÁN: ¿Esto es lo que tú llamas una plática natural?
GINA: Esto es lo que llamo una plática ligera.
ADRIÁN: Los dinosaurios priistas, la maldita derecha y nosotros impugnamos la elección en Oaxaca; hubieron madrazos en las calles y dos muertos.
GINA: Entonces cuéntame de tus alumnos.
ADRIÁN: Peor. Puro pendejete reformista.
GINA: O deja que te cuente cómo va la maquiladora.
ADRIÁN: No. No me interesa tu trabajo.
GINA: Ah vaya: mi trabajo *no* te interesa.
ADRIÁN: No. Sinceramente, no. Especialmente no cuando estás montando una maquiladora, es decir cuando te afilias al vendaval neoliberal que está desgraciando a este país.
GINA: Estamos dándoles trabajo a la gente.
ADRIÁN: Están esclavizándolos. Por algo tu socia ¿cómo se llama?
GINA: Andrea Elías.
ADRIÁN: Elías Calles: nieta del máximo traidor a la Revolución.
GINA: Si la conocieras....
ADRIÁN: La asesino. Como voy a asesinar veinte veces a su abuelito en mi libro.
GINA: (*Conciliadora.*) Adrián, la intención es tener una plática natural, ¿no entiendes?
ADRIÁN: Entiendo, pero no se puede.

Gina: Siquiera trata, Adrián de mi vida.

Adrián: (*En una descarga rápida.*) Es que no se puede, Corazón. No hay nada que sea humano y natural al mismo tiempo. Somos la única raza animal con memoria, por lo tanto con Historia, por lo tanto con acumulación de costumbres. Llevamos algo así como 8 000 años acumulando costumbres. Ergo: natural como natural es una imposibilidad; natural como pautas automatizadas es no sólo posible, es por desgracia un poco menos que inescapable.

Gina: Eres imposible.

Adrián: Así es. Y te deseo. (*Rápido, traslapado.*)

Gina: Y yo también te deseo.

Adrián: ¿Entonces...?

Gina: Podemos seguirnos deseando, deseando serenamente....

Adrián: Cuatro horas de avión y una de taxi deseándote....

Gina: Serenamente. Antes de....

Adrián: ¿De qué?

Gina: De matar el deseo como un animal.

Adrián: Estás educándome.

Gina: Sí.

Adrián: Ah.

Gina: Es que ya estamos haciendo el amor.

Adrián: ¿En serio?

Gina: Hablando, mirándonos, deseándonos de lejos, ya estamos haciendo el amor.

Adrián: Es que el amor de lejos....

Gina: ¿Listo para tomar el té?

Adrián: Gina.... Es que el amor de lejos, hoy empecé a hacerlo contigo a las nueve de la mañana, cuando me desperté pensando en ti aquí (*la cabeza*) y aquí (*el corazón*) y aquí (*el sexo*). Llego al aeropuerto, y antes de abordar, en el umbral electrónico me piden que deposite mi maleta de ropa, mis llaves, mi cinturón de hebilla grande, me quito todo eso y siento que ya estoy desvistiéndome en tu cuarto.... Y en el avión me parece que todo el avión, estoy sentado en la última fila, y siento que el avión entero, el Jumbo entero, es mi tremenda... erección.... Y que el cielo en el que estoy penetrando y penetrando y penetrando eres tú y tú y tú... cinco horas sin escalas.... Y las nubes arriba son tus ojos en blanco y abajo tus piernas abiertas son la Sierra Madre Oriental.... Así que si no me permites tocarte ahora, te advierto: puedo enfermarme, puedo explotar, y enloquecer para siempre.

Gina: Dios santo, qué labia tienes. (*Se encamina al dormitorio, desvistiéndose....*)

ADRIÁN: (*Saliendo tras ella.*) No, no, no. Labia, labia la tuya, mi vida. (*Salen al dormitorio.*)

6

Entra en la estancia, con aire desconfiado, don Pancho Villa. Lleva al hombro sus cananas, su revólver. Entra una Mujer, vestida a la usanza de principios del siglo XX, con una charola en la que trae el servicio del té.

MUJER: Siéntese, mi general. Esta es su casa.

VILLA: (*Mirando su entorno.*) Ah chinga'os. (*La Mujer se arrodilla para dejar en la mesita baja la charola.*)

MUJER: Le sirvo té. Es té de tila. ¿O prefiere un café?

VILLA: (*Yendo a sentarse frente a ella.*) ¿Por qué no? Prefiero un café.

MUJER: Es bueno el té de tila para los nervios, mi general. Los apacigua. Luego uno piensa cosas muy buenas. (*Va deslizándose en otro sector una cama. Gina y Adrián están sentados contra el espaldar.*)

VILLA: Pos eso mismo me da prevención. No me vayan a quedar los nervios lacios, lacios, lacios... y entonces ni con humo me saca de aquí de su casa.

MUJER: Ay mi general, pues quién quiere que se vaya.

VILLA: Es usted muy bonita.

ADRIÁN: Era una mujer muy bonita.

VILLA: Muy educadita. Muy refinada. Hija de familia, como se dice. Por usted, hasta ganas dan de adormilarse.

GINA: Entonces, el general se bebió el té de tila de un sólo trago.

ADRIÁN: No, no podía. Hizo así como si se lo sorbiera. Nunca comía ni bebía nada que su sargento no hubiera probado y resistido antes. A Villa lo habían tratado de envenenar muchas veces. Nada más como si lo sorbiera hacía, estaba ganando tiempo.

GINA: (*Quedito.*) Pásame las gomitas. (*Adrián toma una gomita y le pasa la bolsa a Gina.*)

ADRIÁN: (*Con la gomita en la boca.*) Sí, nada más le ganaba tiempo al tiempo....

GINA: ¿Tiempo para qué?

ADRIÁN: Tiempo para ver a la mujer, para gozarla despacito, y para decirle adiós. Por que esa mujer no iba a ser suya. Al menos no como las otras tantas mujeres que tuvo el general.

GINA: Trescientas tuvo.

ADRIÁN: Las cifras se pierden en lo mítico.

VILLA: Es usted, de veras, requete bonita.

ADRIÁN: Era muy pero muy bonita.

Villa: Es usted requete preciosa, qué recondenada suerte.
Mujer: Tómese el té, mi general.
Gina: Y luego se duerme entre mis brazos.
Mujer: Y luego se duerme entre mis brazos.
Villa: El general Villa sólo duerme en brazos de la sierra y la noche abierta.
Adrián: Cuestión de seguridad: nunca dormía bajo techo.
Villa: Así que no es por desairarla, verdá'de Dios. ¡Jijos de la Tiznada!: ¡es usté requete primorosa!... pero contrarrevolucionaria. Su papacito es general callista. Epigmeo Saldívar Saldaña se llama el muy méndigo, ¿qué no?
Gina: Y bueno, qué importa. Ella es ella.
Villa: Cómo se ve que siempre ha dormido usté en almohada blanda. Ni yo merito le impongo miedo. Ya me ve amaneciendo arrepechadito a usté, ¿no es verdá?
Mujer: Le sirvo más té, mi general. De tila. (*La mujer extiende el brazo para tomarle la taza. Villa la observa. Y con la mano con la que no sostiene la taza, desenfunda la pistola y la mata.*)
Gina se queda boquiabierta. Villa sopla el humo del cañón de su pistola. Adrián se alza de la cama mientras Villa se alza del sofá. Mientras Adrián discute con Gina y se viste, con movimientos extrañamente sincronizados a los de Adrián, Villa irá a quitarle los aretes a la Mujer, a cerrarle los ojos, y luego se pondrá sus cananas, preparándose para irse.
Gina: ¿Qué pasó? ¿Por qué la mató?
Adrián: Porque tengo que irme.
Gina: ¿Por qué?
Adrián: Porque tengo que irme.
Gina: ¿Pero por qué? Quédate a dormir.
Adrián: Tengo que irme.
Gina: Cenamos y te vas.
Adrián: .....
Gina: Trabajas acá.
Adrián: No traigo con qué.
Gina: Pues trae con qué, la próxima vez. No te estoy pidiendo que te quedes a dormir, sólo que te quedes más tiempo. Adrián, quédate a cenar.
Adrián: No puedo, no puedo. No puedo.
Gina: Mándame lo que vayas escribiendo, para pasártelo en limpio.
Adrián: No puedo. (*Villa se cala el sombrero al tiempo que Adrián se cuelga al hombro su saco.*)
Gina: Siempre yéndote, chingados.

VILLA: Huyendo o atacando. Es el destino del macho, compañerita. (*Villa y Adrián se sobresaltan cuando se oyen la campanita de la entrada. Ambos, recelosos, se escurren de donde están: Villa fuera de escena, Adrián a la sala.*)

7

Gina se pone una bata japonesa, va a abrir. Es Ismael, en un saco de marino y pantalones de mezclilla.

GINA: Hola Ismael, ¿cómo estás? Pasa, pasa. Este es Ismael, Adrián. El amigo de mi hijo.

ADRIÁN: Mucho gusto.

GINA: Trabaja conmigo en la tienda. Me diseña cubos.

ADRIÁN: Cubos, ¿los diseña?, qué interesante.

GINA: Esos juegos de madera para los niños chiquitos, ya sabes.

ADRIÁN: Ah claro.

GINA: Y nos está diseñando los cubos de la maquiladora.

ADRIÁN: No me digas. Así que usted *diseña* cubos. Pues lo felicito. Lo felicito.

GINA: Y este es Adrián Pineda, mi... este, eh... mi.... (*Ismael tose.*)

ISMAEL: Mucho gusto.

GINA: Mi buen amigo Adrián Pineda.

ISMAEL: (*Entusiasmado.*) Ah, Pineda: tú escribes, ¿no?

ADRIÁN: Escribo, sí.

ISMAEL: En el periódico.

ADRIÁN: Semanalmente.

ISMAEL: En el Esto, ¿no?

ADRIÁN: De ninguna manera. En La Jornada.

ISMAEL: (*Decepcionado.*) Ah. Bueno. Es otro Pineda. Creo.

ADRIÁN: (*Dándole la mano.*) Bueno, pues ha sido fascinante conocerlo, su arete es lindo, y....

GINA: Espérate un momento. Enséñanos los nuevos cubos, Ismael. Vas a ver qué bellas cosas hace este muchacho.

ADRIÁN: Yo te hablo, ¿está bien?

GINA: ¡¡Espérate un mo-men-to!! (*Adrián cruza adelante una mano sobre la otra, se espera estrictamente un momento.*)

ADRIÁN: Yo te hablo. (*La besa en los labios, sale. Brusca, Gina cierra la puerta. Entonces se topa con la maleta de Adrián. Abre la puerta en el momento que él toca el timbre, precisamente para pedirle la maleta, pero descortés, ella se la tira encima y cierra la puerta de golpe.*)

Gina se va entristeciendo. De una patada prende la grabadora [así se prende la grabadora de Gina]: suena un bolero romántico. Gina se deja caer en el sofá. Así, en su bata de seda, el pelo revuelto, se está lánguida y ausente en el sofá. Ismael la observa desde hace unos minutos, absorto. Pasa un rato hasta que Gina lanza un suspiro muy alto, Ismael tose. Gina se vuelve a verlo, sorprendida. Lo había olvidado.

GINA: (*Lánguida, melancólica, melodramática.*) Ismael....
ISMAEL: ¿S- sí?
GINA: Ismael, acércate....
ISMAEL: Sí.
GINA: ... y enséñame... tus cubitos. (*Ismael se arrodilla junto a la mesita baja, empieza a sacar sus cubitos.*)

Oscuro lento.

II
1

Aún está oscuro. Gina en su bata japonesa, sentada para escribir en máquina, consultando una libreta de Adrián.

GINA: (*Tecleando.*) Noche... Se enciende en el ciclorama la noche... de luna....
Baja en el ciclorama una luna redonda... llena. Entra al escenario Doña Micaela Arango, una anciana con rebozo, un cofrecito de joyas entre las manos, se congela. Mientras Gina se sirve un tequila, entra Villa, se congela. Gina teclea: Villa y Doña Micaela se avivan.
DOÑA MICAELA: (*Tirando lo que menta por encima de su hombro.*) Aretes de canica de agua.
VILLA: (*Cachando las joyas.*) De ópalo.
DOÑA MICAELA: Anillo de....
VILLA: Ojo de tigre, amá. Aquellos pendientitos son rubíes....
DOÑA MICAELA: No me quiere asté, mi niño. En dieciocho años lo he visto cinco veces.
VILLA: Siete, mamacita.
DOÑA MICAELA: Cinco.
VILLA: Siete.
DOÑA MICAELA: Cinco, con una chingada.
VILLA: Está bueno, mamacita: lo que ordene y mande. (*Gina enciende un cigarro: Villa se alarma.*) ¿Qué carajos...? (*Gina exhala un chorrito de humo sobre Villa.*) Ah: hasta aquí llega el humo del campo de batalla. (*Refiriéndose al tecleo de la máquina de escribir.*) Sí, como ese traqueteo: la maldita metralla.... ¿Y qué, le placen, madrecita?
DOÑA MICAELA: ¿Qué quere que haga con esta riqueza? ¿Colgármela pa' pasear por la plaza, pa que todo mundo sepa y conozca que m'hijo es un bandolero?

Villa: Un revolucionario, mamá.
Doña Micaela: Usté sólo viene a verme cuando le queda cerca de una guerra, o otra de sus criminalidades.
Villa: Ya me va a empezar a regañar....
Doña Micaela: Aquí tenga esta arete de plata. Tiene una gota de sangre. Y aquí tome de una vez todo su oro, Panchito. Esta mamacita de usté es probe pero digna.
Villa: Ayayayayay, qué hombre es mi amá.
Doña Micaela: No, nomás hembra que ha parido.
Villa: Cállense cerros, que mi madre habló.
Doña Micaela: Pero es que la vida que llevas, siempre a salto de mata. ¿Quién le zurce los calcetines? ¿Quién se fija que su sarape esté limpio? Y si te duele una muela, ¿a quién le cuentas?
Villa: Pos 'ai tengo unas cuantas señoras que me quieren...
Doña Micaela: Pero ni una casada contigo por la Iglesia y ante Dios.
Villa: Cómo no. Cinco casadas conmigo por la Iglesia y ante Dios.
Doña Micaela: ¡Jesús santo! (*Se persigna.*) ¡Nombres!
Villa: ¿Cómo dijo, madrecita?
Doña Micaela: Quero nombres, direcciones y apelativos de esas fulanas y de todas tus queridas. Las de ahora y las dendenantes.
Villa: ¿Qué dice madrecita?
Gina: Ay, perdón. Perdón, perdón, perdón. (*Gina regresa el rodillo y tacha. Doña Micaela vuelve a sentarse y a su resignación, como si se regresara el tiempo. Gina vuelve a escribir.*)
Doña Micaela: ¡Jesús santo! (*Se persigna.*) Entonces como si ni una. Porque si son cinco, no hay quien le lleve de cerca el registro, m'hijo. No hay quien lo cuide noche tras noche. No tiene con quien saber que va a morirse en sus brazos....
Villa: No llore 'amá, que entonces sí me quiebra.... (*Y se quiebra Villa: llora. Toma de la mesita de Gina la botella de tequila, bebe. Gina le toma la botella y también bebe, igualmente llorando. Sin darse a notar Ismael aparece de espaldas en el quicio de la cocina, está arreglando unas rosas rojas en un florero.*)
Doña Micaela: (*Luego de enjugarse las lágrimas:*) ¿Y cuántos son ya mis nietos?
Villa: Muchos.
Doña Micaela: ¿Cuántos?
Villa: Pos así, certeramente...? Cien.... Ciento.... Pos siento mucho no poder sacar las cuentas. Le digo: andamos haciendo Patria. (*Se arrodilla junto a ella.*) No se enoje conmigo, madrecita. Usted sabe que si ando por estos caminos de polvo y sangre es porque este pinche mundo no está bien hecho.

Dona Micaela: ¿Y hasta cuando vas a seguir así, guerreando?
Villa: Hasta que dejemos colgados de los campanarios de la Catedral a todos los engañadores del pueblo. Sobre todo al generalito ese, Elías Calles: a ese y a sus compinches riquillos, de los huevos. Y luego,...
Dona Micaela: ¿Luego?
Villa: Pos... hasta que dejemos bien hechecito al mundo.
Dona Micaela: (*Llorando.*) Uuuujule, Pancho.... 'Tá verde.
Villa: Déme su bendición, madre, que ya debo largarme.
Dona Micaela: No le doy nada. Primero vas con el cura y te confiesas y a luego.
Villa: Se lo ruego, mamacita. De niño apenas y me dio de comer. Namás le pido una bendición.... (*Doña Micaela acerca a la cabeza de su hijo la diestra, para bendecirlo, Gina saca la hoja de la máquina para colocar otra. Doña Micaela y Villa se congelan. Sin darse a notar, Andrea se sienta junto al ventanal. Cuando Gina vuelve a teclear, doña Micaela y Villa se avivan.*)
Dona Micaela: No le doy nada, punto.
Villa: Mire mamacita, doña Micaela, para confesarme necesitaría al menos ocho días y usté bien oye que ahí fuera está la guerra esperándome. Además, necesitaría usté conseguirme un cura con el corazón muy grande, más grande que el mío, para que yo le dijera todo lo que el Señor me ha dado licencia de hacer.
Gina: (*Ya sin escribir, leyendo de una hoja, y en escena sucediendo.*) La anciana deslizó su mano temblorosa sobre la cabeza de su hijo... pero la retiró, como si hubiera tocado lumbre.
Dona Micaela: (*Retrocediendo hasta salir de escena.*) No m'hijo. A un asesino no puedo darle la bendición.
Villa: No le aunque, ya es costumbre. (*Va a la salida furioso.*)
Andrea: Ay qué barbaridad, Santo Dios.
Villa: (*Yéndose.*) ¡Vámonos! (*A lo lejos vemos a Villa disparar al aire tres veces antes de desaparecer.*)

2

Mientras Ismael deja el florero con rosas en la sala y luego va al fondo a mirar llover.

Andrea: Mira que ese plan suyo de colgar a mi abuelito de sus partes nobles en pleno Zócalo, me ha dejado anonadada. (*Gina bebe de un sorbo su tequila y se empieza a servir otro.*)
Gina: No lo tomes personalmente. (*Un relámpago.*)
Andrea: Va caer una tormenta. No, lo tomo políticamente.

GINA: Bueno, no coinciden políticamente, pero....
ANDREA: Oye, ya párale, ¿no? Llevas tres cuartos de botella.
GINA: Pero cuando empecé ya estaba empezada. Oye, ¿y esas rosas?
ANDREA: Ni viste cómo aterrizaron ahí, ¿cierto? Te las trajo.... (*Señala a Ismael, que se encuentra de espaldas, junto al ventanal.*)
GINA: Oh.
ANDREA: Sí: oh.
GINA: Bueno, insisto en que no coincides con él políticamente, puedo aceptar eso. Pero como escritor, debes reconocer....
ANDREA: Ah no, no, como escritor me parece notable su... su....
GINA: Estilo.
ANDREA: No, no, su... su ortografía. Impresionante cómo pone los puntos y las comas. Con mucha, mucha virilidad, ¿no es cierto? Pero te digo qué: que siga viviendo en el pasado, para eso es historiador. Nosotras pasemos a nuestro promisorio futuro. Isma. (*Hay otro relámpago.*)
ANDREA: Tráete acá tu calculadora. (*Abre su libro de cuentas.*) Si mi intuición no falla, estamos por debajo de los costos que suponíamos.
ISMAEL: (*Acercándose.*) Sí, claro, si tus amigos sufren, mejor cambia de tema.
ANDREA: Nos citamos para revisar números, Flaco.
ISMAEL: Sí, pero. Es que. No. No, es que o vives con ese tipo o lo cortas, Gina.
GINA: Perdón, de qué hablas. Yo vivo sola muy feliz y muy tranquila.
ISMAEL: Hablo de tus insomnios, de los días en que no llegas al negocio, de cómo lo único que haces últimamente es copiar las cosas de ese tipo; hablo de que estás bebiendo como si te quisieras ir a la.... (*Hay otro relámpago y un rápido trueno.*)
ISMAEL: No entiendo: el amor te debería hacer feliz.
ANDREA: No, pus sí.
ISMAEL: Digo: si dos personas... este... se aman, de verdad se aman, quieren vivir juntas, ¿o no?
ANDREA: No, no necesariamente. Si son adultos, pueden tener otro pacto, Ismael, como Gina y este hampón que se llama a sí mismo intelectual. Se ven, se disfrutan; y hace cada quien su vida. Y ahora dejemos en paz la vida íntima de Gina y vamos a revisar las cuentas de la maqui....
GINA: No, no, sigan; aunque sea mal, sigan hablándome de ese hampón.
ISMAEL: Mira, si yo fuera él, y tú llegas a verme a mi casa y... no sé... me dices....
ANDREA: Imposible.
ISMAEL: ¿Qué no es posible?
ANDREA: Gina no puede ir a su departamento.

Ismael: ¿Por qué?

Gina: Es parte de nuestro pacto. Yo no soy de ese tipo de mujeres que andan detrás de los tipos. Que los persiguen y los invaden y.... Y no soy ese tipo de mujer.

Andrea: Tan-tan. (*Abre su cuaderno y se dirige a Ismael.*) Primer rubro....

Gina: A ver, ¿qué harías si estás en tu casa trabajando... cubitos... y yo llego a medianoche, te interrumpo y así de pronto te pido matrimonio?

Andrea: (*Admonitoria.*) ¿Matrimonio?

Gina: Si llego con ese ramo de rosas rojas... y te digo: Ismael, hazme un hijo.

Ismael: ¿E-esas...? Yo... te... eh... te digo....

Andrea: Le dices: pero Gina, si ya tienes un hijo, y te cuesta una fortuna su colegiatura de Harvard; y sacas tu calculadora.

Ismael: Te digo: Gina, a mí... para mí sería un honor hacerte un hijo.

Andrea: Cristo Rey.

Ismael: Sería un honor hacerte todo lo que me propusieras, porque... porque cómo voy a negarte algo, a ponerte límites, a establecer prohibiciones, digo: si te amo. El amor lo quiere todo.... Quiere ser para siempre, si no, no es amor. Si no quiere ser eterno e infinito, es un amor indigno. Además....

Gina: (*A Andrea.*) Oye, este muchacho es muy rescatable.

Andrea: Sí, totalmente. Qué sorpresa, Ismael. Qué conceptazos. A ver Ismael, exprésate, expláyate.

Gina: Órale: expláyate. Con confianza.

Andrea: Que nada te detenga Flaco: lo que tenga que salir esta noche tormentosa, que salga.

Ismael: Es que... en el fondo... eso queremos los hombres, aunque juremos lo contrario: queremos que alguien nos tumbe todas... todas... nuestras idiotas defensas; que alguien nos invada, nos haga suyos; nos libere de nosotros mismos. (*Las dos mujeres lo reflexionan.*)

Ismael: Bueno, esa es mi experiencia.

Andrea: Sí, pero... tú no tienes experiencia, Ismael. (*Mientras Andrea lo ha dicho, Gina se ha puesto en pie para ir al perchero.*)

Andrea: Gina. Gina, ¿qué pasa? ¿Qué haces? (*Gina se ha quitado la bata para ponerse un impermeable y zapatos de tacón.*)

Gina: Nada. Voy a tumbarle todas sus idiotas defensas.

Andrea: ¿Ahorita?

Gina: De una vez. A su departamento.

Andrea: Espérate. Estas cuentas tenemos que reenviarlas a Tijuana mañana. Gina. Gina, por lo menos háblale antes. Avísale que vas.

Ismael: No, se trata de agarrarlo fuera de guardia.

ANDREA: Tú cállate. Gina, supón que se molesta porque llegas sin avisar. Supón que de plano se enoja. Supón que está con.... Que se enoja. (*Gina se paraliza.*)
ISMAEL: ¿Se enoja de qué?
ANDREA: De veras cállate Flaco.
ISMAEL: No te acobardes Gina. Si se enoja, le tiras en la cara las rosas y le dices adiós para siempre. Y te vas. Como toda una señora.
GINA: Eso me gustó. Le digo adiós para siempre y me voy... *(haciendo un gesto teatral)* como toda una... princesa, y luego... me suicido.
ANDREA: Muy bien, pero hazlo mañana. Gina. (*Gina toma las rosas del florero. Mira desde lejos la puerta de salida.*)
ANDREA: Hazlo mañana. ¡Gina! Siquiera vístete.
GINA: ¿Para qué?, si al rato me desvisten. (*Gina echa a caminar hacia la puerta con aire entre majestuoso e inseguro. Trastabilla un paso hacia atrás, y recomienza hacia el frente.*)
GINA: Voy en taxi. (*Un resplandor ilumina su salida.*)

Oscuro.

ANDREA: Se fue la luz.
ISMAEL: Por aquí había velas.... (*Mientras en la oscuridad van a la cocina y cada vez los oímos más de lejos.*)
ANDREA: Oye, Isma, ¿sigues releyendo *El arte de amar*? Mi consejo: mejor ya hazlo. De preferencia con otra persona. Por ejemplo de tu edad.
ISMAEL: Podemos empezar con las cuentas, si quieres.

3

La entrada de un edificio. Llueve. Gina pulsa un timbre.
VOZ EN EL INTERFÓN: ¿Quién?
GINA: Yo. (*Silencio.*) ¿Me oyes, Adrián? Soy yo. (*Pausa breve.*) ¿Adrián...? (*Pausa breve.*) ¿No me oyes? No suena esta.... (*Empuja la puerta, inútilmente.*) ¿Adrián? No suena el timbrecito para abrir, Adrián. (*La puerta se abre. Adrián sale. Está con su eterno impermeable, abajo el torso desnudo, y sin calcetines. Pero Gina sólo mira su amado rostro.*)
GINA: Adrián... (*en tono apasionado*)... hazme un hijo. (*Adrián abre un paraguas. Gina trata de comprender ese hecho.*)
GINA: ¿No me vas a invitar a subir? (*Silencio en que se oye llover.*)
ADRIÁN: No puedo. Hay.... Hay, arriba, otra, ay Dios. Otra mujer.
GINA: Marta.
ADRIÁN: ¿Qué?

Gina: Marta, tu esposa.
Adrián: No, no. ¿Cómo crees?
Gina: Entonces, la otra, la primera, ¿cómo se llama?
Adrián: ¿Quién?
Gina: Tu primera mujer.
Adrián: No. No. No.
Gina: ¿Quién entonces?
Adrián: No importa. Te juro: no importa.
Gina: ¡Una alumna, – puta – una alumna!
Adrián: ¡Que no importa, por favor! ¡No tiene nombre, no existe!
Gina: ... en la cara y le dices adiós....
Adrián: ¿Qué?
Gina: ... para siempre. ¿Me oyes?: se acabó para siempre. (*Intenta golpearlo con las rosas, pero él esquiva el golpe y ella, desequilibrada, cae al piso.*)
Gina: (*Incorporándose.*) Puta: el tacón. (*Adrián se agacha para recoger el tacón que se saltó del zapato.*)
Gina: A ver, tate quieto cabrón.
Adrián: Tu cara, Gina.... Tienes la cara herida. (*Gina se palpa la cara; tiene sangre.*)
Adrián: No, sólo son tus deditos espinados....
Gina: Es sólo sangre, Adrián. A ver, quédate quieto ahí cabrón. (*Adrián obedece, se queda quieto bajo su paraguas, mientras Gina se pasea frente a él calculando el golpe. Le tira las rosas en la cara y gira en redondo; y se va caminando – cojeando – bajo la lluvia.... Un resplandor la ilumina.*)

4

El departamento. A la luz de unas velas, Andrea e Ismael. Ismael mira su reloj. Andrea mira su reloj.

Andrea: Pues... se quedó a dormir con él. Vámonos.
Ismael: Hubiera llamado para avisarnos.
Andrea: La pasión la obnubiló.
Ismael: De todos modos hubiera llamado. ¿Cuánto le toma hablar por teléfono? (*Andrea lo observa con una sorna enternecida.*)
Andrea: Isma, escúchame: nos borramos de su conciencia: tú y yo y el planeta Tierra.
Ismael: Tal vez hay que llamar a las cruces...
Andrea: Mañana vemos. Vente.
Ismael: ....
Andrea: En ese closet hay cobertores.

Ismael: Gracias. (*Mientras ella va a la salida y él a la cocina.*)
Andrea: Me llevo la vela.
Ismael: Voy a llamar de una vez a las cruces.
Andrea: Te mando un besito. (*Ismael en la cocina: lo vemos de lejos hablar por teléfono.*)
Ismael: Disculpe señorita, el teléfono de la Cruz Roja. 53 95 11 11, gracias. (*Marca. Pequeña pausa.*) Estoy localizando a una persona. Sí, gracias. (*Pequeña pausa.*) Estoy localizando a una persona. Sí, gracias. (*Pequeña pausa.*) Gina Benítez. Hace tres día/, perdón: tres horas.

5

En la oscuridad se abre la puerta. Entra Gina, sin cerrar la puerta. Choca contra un mueble tumbando un plato ruidoso; vuelve la luz; Ismael sale de la cocina con el teléfono inalámbrico.

Gina: Puta. (*Gina está con el maquillaje corrido, empapada, revuelto el cabello.*) ¿Qué me ves?
Ismael: ¿Qué te pasó?
Gina: Nada. Me pasó la vida. Me fui a caminar bajo la lluvia. ¿Es malo, según tu experiencia? No me suicidé, estoy aquí, ahora puedes irte. Es más: ya vete, por favor.
Ismael: ¿Por qué no te bañas con agua caliente y te duermes? (*Gina le arrebata el teléfono, se deja caer en el sofá. Marca en el teléfono.*)
Gina: Julián, Juliancito. Mami.... ¿Así que te parece terrible que ahí sean las tres de la mañana?... Pues aquí está mucho más cabrón porque son las cuatro.... ¿Con quién estás? Oigo una voz.... ¿Qué Margaret?... ¿Margaret qué?... ¿Y de dónde sale esa mujer?... Curiosidad, ¿es malo?... Y bueno, ¿qué hacen?... Aaah: trigonometría. Así que van a pasarse el resto de la noche haciendo trigonometría, tú y ésta Margaret Delawer de Wichita, Alabama. ¿Por qué me mientes, Julián? ¿Por qué todos los hombres mienten? Tu padre nunca me mintió.... No me cuelgues. (*Gina mira el receptor; Julián le ha colgado. Ella cuelga. Gina permanece muy quieta.*) Nunca me mintió. Creo. (*A Ismael, que se acerca a ofrecerle una copa de coñac.*) Ya te habías ido, ¿no?
Ismael: No puedo dejarte así como estás.
Gina: (*Yendo a la grabadora.*) Precisamente porque así estoy, sería bonito que te fueras. (*Gina prende de una patada la grabadora.*)
Ismael: Hay que arreglar ese aparato.
Gina: No, así es.

Suena el bolero "Desdichadamente."[1] Gina, compenetrada con la dolorosa letra del bolero, padece. Las lágrimas se le derraman y silabea la tremenda canción. Hasta que vuelve a notar a Ismael, que no hace sino observarla.
Primero Gina se apena y le da la espalda. Luego lo reconsidera y mira por segunda ocasión al joven, con detenimiento. Se quita el impermeable sin dejar de verlo, está en camisón.... Ismael la mira, tieso. Luego se bebe la copa de coñac de un sorbo y se acerca a ella....
Ella le toma las manos y las coloca en su cuerpo, para bailar.... Se mueven muy despacio, tiernamente, y también torpemente; Ismael no sabe bailar el bolero....)
GINA: No sabes llevar.
ISMAEL: Llévame tú. (*Siguen bailando. Hay en sus cuerpos una paulatina relajación, confianza. Gina mete una mano en la bolsa de atrás del pantalón de él....*)

6

En la oscuridad entra despacio y sin hacer ruido Adrián, una rosa roja en la mano, el impermeable cubriéndole el torso sin ropa.... Al ver a la pareja, se acerca más despacio.... Cuando por fin Gina lo ve, sigue bailando.
ADRIÁN: Déjanos solos Isaac. (*Ismael lo ignora también y busca la mirada de Gina. Pero Gina se aparta.*) Déjanos, Isaac.
Ismael va hacia la puerta principal, mientras Adrián se acerca a Gina. "Desdichadamente" acaba. Adrián reúne su cuerpo con el de Gina. Inicia otro bolero, "Una y otra vez,"[2] pero Gina no reacciona a la cercanía de Adrián... Por fin lo abraza. Bailan. Ismael, que espiaba, se va cerrando tras de sí delicadamente, para no hacer ruido.
Adrián y Gina bailan maravillosamente bien. De pronto incluso parecen bailarines de "music hall." Bailando se van encaminando al dormitorio. Pero en el quicio, Adrián aprieta su cuerpo contra el de Gina, le alza ambos brazos, se baja la cremallera del pantalón, alza una pierna de Gina, quiere penetrarla. Aún con música de bolero empieza un forcejeo furioso entre la pareja.
Gina se zafa, va bruscamente a la grabadora, de una patada la apaga. Larga pausa.
ADRIÁN: Está bien. ¿Qué quieres? ¿Qué es exactamente lo que quieres?
GINA: Quiero.... Quiero... dormir... cada noche contigo. Quiero despertar contigo, cada mañana. Quiero desayunar contigo. Quiero que vengas a comer diario aquí. Quiero irme de vacaciones contigo.... Quiero una casa

---
[1] Bolero de Rafael Hernández.
[2] Bolero de Rodolfo Mendiolea.

en el campo.... Quiero que hables con mi hijo de larga distancia, que hablen de cosas de hombres, que yo te lleve un té mientras hablas con mi hijo, seriamente. Quiero que acabes con Marta, digo: formalmente; que firmes ya un acta de divorcio. (*Otra larga pausa.*) Quiero disciplinarme por fin para ir a correr cada mañana. Quiero dejar de fumar. Quiero que vengas conmigo a Tijuana para elegir el terreno para la maquiladora. Quiero un collar con tu nombre. Perdón: con mi nombre. No, sí: con tu nombre.... Y quiero.... (*Otra larga pausa.*) Quiero... despertar contigo. Abrir los ojos cada mañana y verte. Quiero verte y cerrar los ojos y dormirme en paz. Y quiero que en veinte años... me abraces... y me digas: la vida es buena.

ADRIÁN: Y querías un hijo mío.
GINA: Fíjate.
ADRIÁN: Está bien.
GINA: Y quiero que no se me olvide todo lo que yo quiero por estar pendiente de lo que tú o Julián o Andrea o todos los otros quieren.
ADRIÁN: Está bien. Ya no tomes la pastilla.
GINA: ¿Qué?
ADRIÁN: Si quieres tener un hijo mío.
GINA: Ay sí, qué fácil, hacerme un hijo. Pero como lo demás que te pido no lo quieres/
ADRIÁN: Dije: está bien. Está bien. Está bien. Está bien. (*Adrián se aproxima.*) Quiero... una vida contigo. Eso es cierto. La vida contigo es buena. (*Adrián la besa despacio. Se acarician.*)
ADRIÁN: Va a ser un niño de ojos grandes y despabilados. (*Oscuro lento, mientras siguen las caricias....*)

III
1

El departamento. Tarde. Durante la escena, de manera apenas perceptible, va enrojeciéndose la luz. Gina abre la puerta. Es Adrián, el hombre recargado contra el quicio, un cigarro entre los labios. Está por decir algo, pero en cambio tose.

GINA: ¿Estás resfriado?
ADRIÁN: Un poco.
GINA: Entonces no fumes. ¿Desde hace cuánto fumas?
ADRIÁN: Dos semanas. (*Busca dónde tirar el cigarro.*)
GINA: Entiérralo.
ADRIÁN: ¿Qué?

Gina: El cigarro. Que lo metas en la tierra de la maceta. (*Gina le quita de los labios el cigarro y va a enterrarlo en la maceta del pasillo exterior al departamento. Adrián empieza a quitarse la gabardina.*) No, espérate. No te la quites.

Adrián: ¿De plano?

Gina: De plano. Vamos a tomar un café fuera. (*Adrián lo piensa. Camina hacia el sofá. Se sienta.*)

Adrián: Hace tres meses que no te llamo. (*Pausa larga.*) Es mucho tiempo. Pero también, a ver si puedes comprenderme, también es muy poco tiempo. Yo sé que tu vida está hecha sin mí, que así necesitarme, no me necesitas. Ni yo a ti. Lo nuestro sucede aparte de todo lo demás. Es un regalo, un don que nos ha dado la vida. Lo nuestro sucede un poco afuera del mundo. Un centímetro, un minuto, afuera del mundo, afuera del tiempo. Así que tres meses es mucho. Y es nada. Porque ayer, ayer salí apenas por esa puerta. Ayer salí apenas de tu cuerpo. (*Gina sigue de pie.*) Tuve trabajo: la universidad, dos o tres editoriales peliagudas en el periódico, revisé el manuscrito del libro, lo entregué a la editorial. (*Adrián espera alguna reacción de Gina. En vano.*) El libro de Villa, lo entregué a la editorial. (*Ninguna reacción de Gina.*) Y salí a Juchitán, para reportear el fraude electoral y.... En fin.

Gina: Tres meses. Doce semanas. Ciento veinte días. Olvídate de los días: ciento veinte noches.

Adrián: Con esta luz rojiza del atardecer... ahí, reclinada contra ese muro, te ves como una sacerdotisa .... (*Gina, con brusquedad, se mueve de la pared, va al sofá.*) Griega.

Gina: Hace tres meses llamaste y dijiste que estabas en camino. El día siguiente a cuando decidimos tantas cosas. Dijiste que te urgía hablar conmigo, ¿cómo dijiste?, seriamente. No: definitivamente, esa palabra usaste. Estuve esperándote toda la tarde. Mentira: estuve esperándote hasta la madrugada.

Adrián: Lo que pasó es.... No me lo vas a creer.

Gina: Seguro.

Adrián: Algo increíble. Venía en el Periférico hacia aquí. ¿Sabes donde las vías del tren corren casi paralelas al Periférico? Bueno, había mucho tráfico, íbamos a vuelta de rueda, defensa contra defensa, y yo con esa tremenda erección que me ocurre... esa tremenda erección que me *ocurre* cuando vengo a verte. Entonces me volví a ver hacia las vías. Había un campesino, con sombrero de paja, caminando al lado de las vías. Y... el tren... llegó el tren rapidísimo, y vi como la cabeza del campesino saltó por el aire; fue en un instante: la cabeza saltó y luego, mientras pasaban los vagones ya no podía ver al campesino. Me aferré al volante como si hubiera visto al Diablo en persona. Cuando terminó de pasar el tren... el campesino no estaba. Se me olvidó todo, a dónde iba, pensé que había alucinado aquello. Traté de salirme del Periférico, llegar a las vías, ver si estaba la cabeza, el cadáver. Nunca llegué. Me perdí en las calles de la colonia Bondojito. (*Pausa.*) Así fue.

GINA: ¿Y los siguientes ciento diecinueve días?

ADRIÁN: Pues.... Te juro que no sé. Tomé como una señal de mal agüero lo del Periférico. Me asustó. Tú sabes que soy supersticioso.

GINA: Primera noticia.

ADRIÁN: Pues resulta que sí, últimamente. Me puse a trabajar como loco los siguientes días, semanas.... No sé, la sensación era de que me iba a morir. Tenía esa certeza extraña: que me iba a morir.... Y antes quería acabar el libro. Y lo acabé y lo llevé a la editorial. (*Adrián espera una reacción de Gina. En vano.*) Pero, francamente, no sé, no sé qué pasó ahí. Ahora que tú me pudiste haber llamado por teléfono.

GINA: Nuestro pacto....

ADRIÁN: Pudiste haber roto el pacto.

GINA: Lo rompí una vez y me arrepiento. (*Adrian camina hacia una esquina. Ahí toma ánimo para seguirse explicando.*)

ADRIÁN: Es bien curioso: cuando te pienso, pienso en tus manos, en tu boca, tus senos, tus piernas: en alguna parte de ti. No es hasta que te veo de nuevo que todo se reúne en una persona específica, que respira y piensa y está viva.... Eso me da pavor, saber que aparte de mí, existes. (*Gina se suelta a llorar, pero por pudor escapa al dormitorio.*)

GINA: (*Mientras se aleja.*) No me sigas.

ADRIÁN: ¿Vas a preparar el té? (*Ya nadie le responde.*) No, no creo. (*Adrián se sienta en el sofá, entonces algo le incomoda del asiento. Busca debajo del asiento: encuentra un corazón de madera.*) Qué infantilismo, puta madre. (*Guarda de prisa el corazón bajo el asiento cuando siente a Gina volver, y finge calma.*)

GINA: Adrián, mira....

ADRIÁN: Lo de nuestro hijo, ya sé.

GINA: No. Era una locura.

ADRIÁN: Para nada, ¿por qué? Hablé con Marta, mi esposa.

GINA: Sé como se llama.

ADRIÁN: Dijo que ella no tenía problema. Dijo que podíamos tener un hijo.

GINA: (*Anonadada.*) Ella... no tenía problema... con un hijo que *yo* voy a tener. Me imagino que no. No sabía que eras tan íntimo con Marta, digo: todavía.

ADRIÁN: Somos amigos. Nada más. Te cuento que le conté para que sepas que mis intenciones eran serias. Son serias. Al menos en lo del hijo. El resto, eso es lo

que quería discutir, platicar contigo. Punto por punto. La casa en el campo está muy bien, pero/
GINA: Adrián, déjame hablar.
ADRIÁN: Siéntate.
GINA: No quiero.
ADRIÁN: Está bien, quédate de pie, estás en tu casa.
GINA: Adrián, ya no.... Ya no. Ya no vengas, no quiero que siquiera... me llames por teléfono.
ADRIÁN: ¿Es decir que... ya no?
GINA: Ya no, Adrián.
ADRIÁN: Ya. Pues... está muy bien: ya no.
GINA: Ya no.
ADRIÁN: (*Yendo a la puerta con una histeria creciente.*) Ya oí: ya no. Nada más me sorprende la limpieza del machetazo: ya no: pero perfecto: ya no: así son los neoliberales, ¿no es cierto?, no sirve, a la mierda: ¡¡ya no!!
GINA: ¡Así es: ya no!
ADRIÁN: Y si nos vemos en calle nada más de lejos nos decimos ¡¡¡ya no!!!, ¿te parece?
GINA: ¡¡¡Exacto: ya no!!!
ADRIÁN: ¡Ya no, perfecto! ¡¡¡Ya no!!! ¡Vámonos! (*Al abrir de golpe la puerta Adrián se encuentra a don Pancho Villa.*)
VILLA: Despacio, compañerito Pineda. Con calma. Con ternura. ¿Pa' qué las quiere si no es para la ternura? (*Acompañándolo hacia Gina.*) Ándele.
ADRIÁN: Gina.... Este....
GINA: Ya no Adrián, por piedad.
ADRIÁN: Gina, es que....
VILLA: Carajo: ya.
ADRIÁN: Siento haber desaparecido tres meses, pero.... Todo se puede arreglar.
GINA: No.
ADRIÁN: Todo.
GINA: ¡*No*!
VILLA: Aunque no parezca está cediendo. No más toque las cuerdas más poquito a poco y de pronto canta....(*Adrián ensaya tocarla. Ella se aparta cinco metros.*)
ADRIÁN: Carajo contigo: siempre me has dicho a todo sí y sí y sí; y de pronto hoy es no y no y no. No puedo estar en tu casa. No quieres tener un hijo mío. Ni siquiera puedo piropearte. Tocarte. Déjame pasar, chingados.
GINA: Adrián.... Estoy enamorada. (*Larga pausa.*)
VILLA: Ingrata.... (*Villa se vuelve. Trae una puñalada en la espalda.*)

ADRIÁN: General.
VILLA: No es nada, pinche puñalito, orita me lo saco. (*Empieza a intentar zafarse el puñal.*) Uste déle.
ADRIÁN: Perdón, creo que te oí mal. ¿Estás *qué*?
GINA: Enamorada.
ADRIÁN: Por favor, a tu edad ese lenguaje. Enamorada. Podrías explayarte.
GINA: No. Es muy simple: estoy enamorada.
ADRIÁN: Define el termino enamorada por favor. Defínemelo funcionalmente.
GINA: Es muy simple.
ADRIÁN: Pero claro que no. Existe una bibliografía inmensa sobre ese estado de ilusión. Desde Platón hasta Freud y los post-freudianos, pasando por Kierkegaard y Marcuse. Enamorada. Tal vez es inquietada sexualmente. (*Villa logra sacarse el puñal; Adrián continúa, más seguro de sí mismo.*) Tal vez con cierta curiosidad sexual hacia alguien. Enamorada: esas son chingaderas, Gina. Estoy esperando una definición funcional del término.
GINA: .....
ADRIÁN: ¿De quién?
GINA: .....
VILLA: A ver si dan la cara, hijos de su madre.
ADRIÁN: Del pendejito del arete, no sé para qué pregunto. El chamaco este tuberculoso y medio maricón. ¿Ezequiel?
GINA: Ismael. (*Un estampido. Villa salta y se vuelve. Tiene un balazo en la parte posterior del antebrazo.*)
VILLA: Chinga'o. Y yo aquí sólo con mi alma.... (*Mientras Villa se quita el paliacate del cuello para vendarse el antebrazo.*)
ADRIÁN: Está bien, vamos a analizar con la cabeza fría el asunto, ¿te parece? Me ausento tres meses y me suples con un muchachito de la edad de tu hijo.
GINA: Mayor.
ADRIÁN: Un año mayor. Lo vas a mantener tú. (*Villa empieza a cargar su pistola.*)
VILLA: Chichifo.
GINA: No. ¿Por qué?
ADRIÁN: Él va a pagar la universidad de tu hijo.
GINA: ¿Tú la pagabas?
VILLA: Ni le mueva por ahí.
GINA: Cada quien se ocupa de sus gastos.
VILLA: Chitón.
GINA: Además te sorprenderías de saber cuánto gana. Bastante más que tú.
ADRIÁN: Ah sí, su patrón le paga bien. Quiero decir: su patrona.

Villa: Mandilón.
Adrián: ¿Le vas a subir el salario?
Villa: Padrote.
Adrián: ¿O lo vas a hacer socio de una vez?
Gina: Cada quien se ocupará de sus gastos, ¿no oíste?
Adrián: Claro, no es que se vayan a casar.
Gina: (*Sonriente.*) .....
Villa: Necesito agua, tantita agua. (*Yendo a la cocina.*) Usted sígale dando, mi capitán.
Adrián: Bueno, y ¿qué tiene que ver eso con lo nuestro? Te vuelvo a repetir: lo nuestro es bello porque está fuera de la corriente de la vida. De la vida o de la muerte. Lo nuestro ocurre aparte. Es tú y yo. Tú y yo. A mi él me tiene sin cuidado. Te digo: si lo amas, yo... yo lo acepto. (*Villa, al volver de la cocina, recibe otro balazo.*)
Villa: 'Ta cabrón, cabrones. Ora es desde nuestras mismas juerzas que disparan.
Adrián: No le puedo exigir nada, general. Es una mujer pensante. Se gana sola la vida. ¿Con qué la obligo?
Villa: ¿Cómo que con qué? (*Se toca el sexo entre las íngles...*) Con el sentimiento.
Adrián: Pues eso trato, pero....
Villa: Porque compartir la vieja, ni madres. Ni la yegua ni el jusil.
Adrián: Por eso siempre perdemos el poder, general, por la terquedad de no saber negociar.
Villa: Y pa'qué quiere el poder si llega todo doblado, maricón.
Adrián: Las cosas no son Todo o Nada, caray.
Gina: Adrián....
Villa: Métaselo aquí amiguito *(en la cabeza)*: con estos perjumados no se negocia, porque en cuanto les abre uno la puerta luego luego se quieren seguir hasta el fondo.
Gina: Adrián, ¿me oyes?
Adrián: Te oigo, te oigo. ¿O quieres que me ponga de rodillas para oírte?
Gina: Mejor te lo digo de una vez.
Villa: Ahí va, ahí va.
Adrián: ¿Qué más?
Villa: No la deje hablar, chinga'o. Péguele, bésela, interrúmpala, dígale: ay desgraciada, qué chula te ves cuando te enojas.
Adrián: Ay desgraciada, qué chula te/
Gina: Vamos a vivir juntos. (*Villa recibe otro balazo.*)
Adrián: (*Los ojos muy abiertos:.*) A vivir juntos.... ¿Aquí?

GINA: Sí.
ADRIÁN: Este.... Está bien. Está bien, conseguimos/
VILLA: ¿Está bien? (*Zarandeándolo.*) ¿Está bien, 'che mariquita? Ahí nos vimos... (*Se encamina hacia la puerta trabajosamente, y es que le duelen los balazos....*)
GINA: ¿Decías...?
ADRIÁN: (*La atención dividida entre Gina y Villa que se va.*) Que conseguimos otro lugar para nuestros encuentros. Yo no soy celoso. (*Otro balazo a Villa.*)
VILLA: Aj.
GINA: (*Enfáticamente.*) No. (*Otro balazo.*)
ADRIÁN: ¿Por qué no? Te la estoy poniendo fácil.
GINA: ¡Porque estoy enamorada hasta las pestañas! (*Otro balazo. Villa queda tirado en el piso. Pausa. Villa se pone en pie, dificultosamente, lleno de agujeros.*)
ADRIÁN: ¿Está ahí?
GINA: ¿Quién?
ADRIÁN: En el dormitorio, oyendo todo.
GINA: ¿Quién?
VILLA: Ya sal chamuco, ya sé que estás ahí.
GINA: No hay nadie. (*Villa entra al dormitorio. Adrián se mueve también hacia el dormitorio, pero Gina se le interpone. La aparta, entra. Villa saca a rastras a Ismael, lo patea sin misericordia. Por fin abre la puerta principal y lo lanza fuera. Adrián vuelve a la sala.*)
GINA: No hay nadie, cómo se te ocurre.
VILLA: Listo.
ADRIÁN: Gracias. (*Adrián se pasea por la sala arreglando, reacomodando lo que se desarregló durante su tremenda discusión con Gina.*)
GINA: (*Abriendo la puerta principal.*) Adrián.... ¿Viniste en coche?
ADRIÁN: Está estacionado exactamente enfrente del edificio, ya me voy. Siéntate.
GINA: No.
ADRIÁN: Siéntate, te juro: ya casi me voy. Sólo quiero mirarte, unos momentos. Tres momentos, los últimos, si quieres. (*Gina cierra la puerta. Descansa la espalda contra la puerta. Adrián se sienta en el sofá. Villa se aproxima a Gina. Largo silencio.*) Sólo quiero mirarte.... (*Pausa larga.*) Mirarte. (*Pausa larga en que solamente se oye la amenazante respiración de Villa.*)
GINA: (*Poco a poco asustada.*) No hagas eso.
ADRIÁN: ¿No hago qué?
VILLA: Sólo estoy viéndote.
ADRIÁN: Te juro que no pasa nada.

VILLA: Nada más estoy viendo como la luz va cambiándote la cara. Siempre has sido la misma mujer. Por más que te cambie por otra, siempre has sido la misma, una sola mujer....
ADRIÁN: ¿Sabes?: en esta luz crepuscular te ves... especialmente....
VILLA: Verde.
ADRIÁN: Bella. Como una estatua....
VILLA: De cobre oxidado.
ADRIÁN: Bella y....
VILLA: Verde.
ADRIÁN: Y tan....
VILLA: Una mujer más y ya, compañerito. Usted se va y ella se queda parada junto a esa puerta toda la vida, como una estatua; escúcheme bien: parada ahí, junto a esa puerta, como la misma estatua de la espera; ella se queda encerrada en su pequeño mundito y usted, pues usted encontrará otros brazos hospitalarios, siempre hay. Unos brazos más jóvenes. Más tiernos. Unos ojos más inocentes.
ADRIÁN: Gina... eres mi último amor....
VILLA: Qué va. Estamos heridos pero no dijuntos.
ADRIÁN: Nunca volveré a entregarme así.
VILLA: Ya acabe esto de una buena vez y me lleva al médico.
GINA: Tal vez, si yo hubiera expresado mis deseos.... Si no te hubiera dicho sí a todo, como dijiste antes.... Si te hubiera pedido lo que necesitaba, poco a poco, y no de golpe en una sola noche... y te hubiera dado la oportunidad de decir poco a poco sí o no.... Pero... te tenía miedo.
ADRIÁN: ¿Miedo? ¿A mí?
GINA: Le he tenido miedo a cada uno de los hombres a quienes amé. A mi padre, a mi hermano. A Julián. A ti.
ADRIÁN: Pero ¿por qué? (*Gina lo piensa arduamente.*)
GINA: Porque, no sé.... Porque son más grandotes que yo.
ADRIÁN: Ay Gina, Gina, Gina.
GINA: Ahora por fin tengo confianza en un hombre, pero por desgracia no eres tú.
VILLA: Qué agonía más lenta, hijos de su madre....
GINA: No Adrián: no llores Adrián. (*Otro balazo sobre Villa.*)
VILLA: (*Agónico.*) Qué ignominia.
ADRIÁN: Estas lágrimas son de rabia. (*Respira con dificultad.*) A mí no me puedes hacer esto. (*Está sofocándose.*) A mí no.
GINA: Ahora sí por favor Adrián, ya vete.
ADRIÁN: No puedes. No puedes. Te juro que no puedes.
VILLA: Así compañerito, así.

ADRIÁN: Y no puedes porque/
VILLA: Ya mátela, compañerito. A luego echamos discurso.
ADRIÁN: Yo no soy ese chamaco que....
VILLA: De una vez. (*Villa toma la cacha de su pistola. Adrián mete la mano en la bolsa de su impermeable. Adrián desembolsa, como un revólver, su libro. Villa desenfunda y dispara: no hay balas.*)
GINA: ¿Qué es esto? ¿El libro de Villa?
ADRIÁN: ....
GINA: No me dijiste que ya salió. Dijiste que lo entregaste a la editorial pero no que ya estaba impreso. (*Villa se desploma en una silla. Adrián le da el libro a Gina.*)
GINA: Lo voy a leer con mucho cuidado.
ADRIÁN: (*Ahogándose de rencor.*) Conoces el material.
GINA: No importa. Lo voy a leer con detenimiento. Qué bien, ¿eh? Villa en la portada, a caballo. (*Villa, curioso, se acerca a verse en la portada.*) En la contraportada tú, al escritorio. Te ves muy interesante. Y muy guapo. La tipografía es perfecta. Currier de once puntos. Muy legible.
ADRIÁN: Currier super.
GINA: Me alegro por ti, Adrián.
VILLA: (*En secreto a Adrián.*) Ya chingamos.
ADRIÁN: (*Plañidero.*) Te lo dediqué.
GINA: (*Muy sorprendida.*) ¿El libro? ¿En serio?
VILLA: No sea puto, cabrón.
GINA: Nunca me imaginé....
ADRIÁN: No, ¿verdad? Aquel día que no llegué, venía a proponerte matrimonio. Tampoco eso te lo imaginaste, ¿no?
GINA: Pero Adrián....
ADRIÁN: ¿Qué?
GINA: Es que estás todavía casado, Adrián.
VILLA: (*Desenfundando.*) ¿Y...?
ADRIÁN: Eso también lo pensaba arreglar. La verdad es ésta: nunca me tuviste fe.
GINA: Pues... no, supongo que no, que nunca te tuve fe. Te digo: nunca me imaginé que me dedicaras tu libro y ahora... no sé... qué pensar, o hacer.... No creí que yo para ti fuera así de... importante.... (*Gina, conmovida, se sienta junto a Adrián. Adrián pasa su brazo sobre los hombros de ella. Villa queda entre ambos, gozando el reencuentro de los amantes. Gina busca las primeras páginas del libro. Lee. Sacude la cabeza.*) Ah, a mano. ¡Me lo dedicaste a mano! "A una querida amiga, apasionada como yo de Pancho Villa."
VILLA: No, está cabrón, güero.

Gina: No Adrián, ahora sí te voy a pedir que te largues.
Villa: Mátela, no tiene remedio.
Adrián: Es tan irresponsable, dejarse arrastrar así por el instinto. Lo nuestro era una hermosa relación de lujuria, pero tenías que dejarte arrastrar por ese instinto de las hembras de hacer nido. Tenías que convertir nuestra pasión en un asunto de baños compartidos y biberones y recibos de tintorería. Tenías que atraparme aquí en tu casa, tenías que comportarte como "toda una mujer."
Gina: Por eso: ya vete, Adrián.
Villa: Por eso, ya mátela, con sus propias manos.
Adrián: Está bien, voy a divorciarme, de todos modos era sólo un trámite que no hacía por desidia/
Gina: No quiero.
Adrián: Aquel día venía a proponerte/
Gina: Adrián por favor, ya vete.
Villa: Adrián, por favor: ya mátala.... (*Adrián observa el lugar con extrañeza. Se aparta de Gina y Villa, se pasea nerviosamente, ensimismado.*)
Gina: Adrián.
Villa: Adrián. (*Pausa.*)
Gina: Adrián. ¿Qué esperas, Adrián?
Villa: ¿Qué esperas, Adrián? (*Pausa.*)
Gina: ¿Podrías ya irte? ¿Adrián?
Villa: ¿Podrías ya torcerle el cogote, Adrián? (*Adrián corre hacia el ventanal y salta. Larga pausa. Gina se acerca al ventanal, lo cierra, se vuelve, boquiabierta.*)
Gina: Pero si siempre he vivido en planta baja. (*Villa se desploma, muerto por fin, de vergüenza. Oscuro lento.*)

IV
1

Noche. Las luces eléctricas del departamento van subiendo. Tocan a la puerta. Andrea sale del dormitorio, cruza la estancia mientras se da "un pericazo" de coca. Abre.

Es Adrián, el hombre contra el quicio. Trae un sombrero de fieltro viejo, abollado, un suéter sin camisa abajo, una barba de tres días.

Andrea: La miras... fijamente. Respirando fuerte. La besas. Ella dice: espérate, siéntate, te sirvo un té.
Adrián: Te lo contó todo, Andrea. Andrea, ¿verdad?
Andrea: Andrea Elías: sí.
Adrián: Elías Calles.

Entre Villa y una mujer desnuda

ANDREA: Sí, Andrán-Cito. ¿Por qué no? Es mi mejor amiga.
ADRIÁN: ¿Está en casa?
ANDREA: No.
ADRIÁN: No ha vuelto desde que hablé contigo por teléfono.
ANDREA: Ponte cómodo. (*Va a la cocina. Adrián obedece, extrañado del tono de autoridad de Andrea. Cuelga en el perchero el impermeable.*)
ADRIÁN: ¿A qué horas vuelve? (*Va hacia el ventanal, se asoma, pero retrocede instintivamente lleno de vértigo. Vértigo del recuerdo de su suicidio fallido.*) Planta baja. (*Furioso.*) ¿A qué horas dices que vuelve? (*Andrea regresa con una charola en la que se encuentra el servicio de té. Lo deja en la mesita baja y se arrodilla para servirlo.*)
ADRIÁN: ¿A qué horas/
ANDREA: No está en la ciudad. Me pidió que si la llamabas no te dijera en donde está.
ADRIÁN: ¿Por qué?
ANDREA: Porque hace un mes, a las dos de la mañana, cuando no te quiso abrir la puerta de la entrada al edificio, la rompiste a patadas.
ADRIÁN: Tú preparas muy rápido el té.
ANDREA: Puse a hervir el agua cuando avisaste que venías.
ADRIÁN: Estaba ebrio. Y estaba desesperado. Y tenía que hablar con ella. Con alguien como ella: alguien comprensivo.
ANDREA: ¿Dos de azúcar?
ADRIÁN: Alguien que ve el vaso medio lleno y no medio vacío. Es que estuve esa tarde en el entierro de Villa.
ANDREA: ¿Dos de azúcar?
ADRIÁN: Quiero decir: el aniversario del entierro de... (*Andrea empieza a servir cucharadas de azúcar en el té de Adrián: cinco en total....*) Es decir.... El aniversario de la muerte de Villa, en el cementerio. Se me destrozó el corazón, y necesitaba ver a Gina. (*Andrea le alarga la taza.*) ¿Es té de tila?
ANDREA: No. De lirio. Es té de lirio, Adrián. ¿Está sabroso?
ADRIÁN: (*Oliéndolo.*) No. No tomo té.
ANDREA: ¿Y a poco había gente en el panteón?
ADRIÁN: (*Resentido.*) Mucha. Como setecientos, entre hijos y nietos de Villa; y admiradores. Era como para llorar. Vinieron de todo el país y ahí estaban: morenos y con esos ojos del Centauro: azul turquesa, nítidos, como dos gotas de cielo. De cielo puro. Habían algunas viudas también, ya muy muy ancianas. Y estaban quietos, los hijos, los nietos, las mujeres de Villa, mirando la tumba.
ANDREA: Gente humilde.

ADRIÁN: Claro.
ANDREA: ¿Analfabetas?
ADRIÁN: Muchos, supongo. Como para llorar, en serio.
ANDREA: Pues sí. ¿De qué sirvió la Revolución, la lucha del general Villa, si sus nietos están igual de chingados que él de escuincle?
ADRIÁN: (*Con saña contra ella.*) Es que a otros les hizo justicia la Revolución, a los que no estaban junto a esa tumba: a los burgueses. Los perjumados. Los leídos. Los licenciados. La punta de sinvergüenzas.
ANDREA: Pues es que tuvo demasiados hijos, ¿no te parece? Sembró niños como si fueran quelites.
ADRIÁN: No sabes lo que dices. Toda su descendencia adora su memoria. Es lo único valioso para ellos: la memoria del Centauro.
ANDREA: Eso es lo que digo: que lo único que les dejó fue eso: su memoria. Ni educación, ni oficios. Sólo su sombra inalcanzable.
ADRIÁN: Habló la oligarquía ilustrada.
ANDREA: Y entonces te embriagaste.
ADRIÁN: Me rompió el corazón, la descendencia de Villa, y sí, me fui a beber a La Guadalupana, de Coyoacán, y no bebí mucho, pero como nunca bebo, me embriagué, y luego necesitaba verla, a Gina, hablar con ella.
ANDREA: De Villa.
ADRIÁN: De Villa. ¿Sabes que esa tumba está vacía?
ANDREA: La de Villa.
ADRIÁN: Es que algunos dicen... que en realidad....
ANDREA: ¿En realidad...?
ADRIÁN: Villa se salió solito de la tumba.
ANDREA: Como Cristo.
ADRIÁN: Ey, como Cristo resucitó y salió de la tierra, cargando con todo y lápida.
ANDREA: Como el Pípila.
ADRIÁN: Ey. Y que anda vivo todavía.
ANDREA: San Pancho Villa.
ADRIÁN: Ey. Cabalgando por ahí. Y bueno, por ahí anda, ¿no?, cabalgando en nuestra imaginación, al menos. En nuestros ánimos de redención. No sé por qué te cuento esto. Digo: no te conozco. O sí: y eres el enemigo.
ANDREA: No te preocupes, me gusta oírte. Tu labia es hipnótica. También me gustó tu novela de Villa.
ADRIÁN: Ah.
ANDREA: La compré en VIP's. Y la leí en VIP's. Es chiquita.
ADRIÁN: (*Molesto.*) ¿A qué horas dijiste que vuelve? (*Se pone en pie y se pasea.*)

ANDREA: Se fue de la ciudad. Se fue del país.
ADRIÁN: No es cierto.
ANDREA: Me vendió el departamento con todo incluido. (*Lo mira a él de pies a cabeza.*) Todo. (*Adrián se detiene frente a un cuadro que antes no estaba. El retrato al óleo del presidente Plutarco Elías Calles, la banda tricolor cruzada al pecho.*)
ANDREA: Mi abuelito Plutarco. Un perjumado.
ADRIÁN: Ya. ¿A dónde está?
ANDREA: Por quinta vez: me pidió que no te dijera.
ADRIÁN: ¿Con el chichifo ese?
ANDREA: Con Ismael, sí.
ADRIÁN: Está en Tijuana, viendo lo de la maquiladora.
ANDREA: .....
ADRIÁN: Pues voy a ir a Tijuana y voy a peinarla.
ANDREA: De hecho no está en Tijuana. La maquiladora se está montando, pero Gina decidió retirarse medio año de los negocios y está... lejos.
ADRIÁN: ¡¿Por qué no puedo saber dónde está?!
ANDREA: Te dije: porque rompiste a patadas la puerta del edificio.
ADRIÁN: ¿Y qué? Era mi derecho, tratar de recuperarla. Andrea: he cambiado. No sé que te habrá contado ella de mí pero he cambiado. La necesito.
ANDREA: Okey.
ADRIÁN: Por fin, humildemente, sin ningún pudor, reconozco que la necesito. La necesito.
ANDREA: Okey.
ADRIÁN: No digas okey, eso no es español. Tienes que ayudarme, Andrea. Estoy desolado. Desmadrado. Desvaído. Más calvo.
ANDREA: Ah, no eras así de calvo.
ADRIÁN: Para nada. Hace dos meses no tenía estas entradas.
ANDREA: Qué terrible.
ADRIÁN: Me duelen las encías. Me sangran. Fui a ver al dentista y me dijo: Lo suyo es mental. La necesita mi cuerpo. Mi alma. Esta melancolía, este anhelo por un fantasma, me está desgraciando el cerebro. El otro día pensé seriamente en irme a encerrar a un monasterio Zen en los Himalayas. Hacerme místico, a mi edad, con mi pasado de materialista dialéctico: ¿te lo imaginas?
ANDREA: Para qué si nunca lo vas a hacer.
ADRIÁN: (*Alzando la voz, para callarla.*) El hecho es que.... Siempre cargué el mundo en los hombros, ahora cargo mi destino personal, y es un peso más

grave, porque a su peso específico hay que agregarle el de saber que no tiene la menor importancia. No me entiendes.

ANDREA: Perfectamente.

ADRIÁN: Qué va.

ANDREA: Dices que estás agobiado por la mediocridad de tu vida. (*Adrián camina, molesto por la interpretación de Andrea.*)

ADRIÁN: No exactamente. (*Va a sentarse al lado de Andrea.*) Andrea, seamos sensatos.

ANDREA: Okey.

ADRIÁN: Tú sabes que no le puede resultar con ese muchachito.

ANDREA: Mira Adrián, no digo para nada que Ismael sea mejor que tú. Según lo que sé de ambos, no lo es en varios sentidos. Tú eres más maduro, al menos físicamente; más leído, aunque quién sabe para qué sirve eso; eres mejor amante, como amante estás mejor equipado... dicen... no te hagas.... En fin: rompes mejor las puertas a patadas, te tiras mejor desde las plantas bajas. Pero....

ADRIÁN: ¿Pero...?

ANDREA: Ese muchachito es capaz de tenerle devoción. Verdadera devoción, ¿entiendes?

ADRIÁN: Ese muchachito es homosexual, Andrea. Yo los huelo. En serio. Los homosexuales que no saben que son homosexuales tienen ese olor peculiar: a manzana.

ANDREA: Es cierto: a manzana.

ADRIÁN: ¿Verdad que sí?

ANDREA: Pero todos los jóvenes vírgenes huelen a manzana, Adrián.

ADRIÁN: (*Desolado.*) ¿Virgen? ¿Es....

ANDREA: Era.

ADRIÁN: Yo lo único que sé es que quiero despertar por las mañanas con ella. Desayunar con ella. Mirarle sus pinches ojeras.... Andrea, escúchame: ella también me necesita. Necesita a un hombre maduro, inteligente, conceptuoso, que la haga crecer, ¿o no? Díselo. Por favor.

ANDREA: (*Luego de tomarle las manos, íntima, cariñosa.*) No, no Adrián. Y te voy a rogar que ya no seas tan típico, por favor. Lo que sucede es que no soportas haber perdido, eso es todo. Perder ahuita.

ADRIÁN: Perder ahuita. Ahuita. ¿Ahuita de beber?

ANDREA: Ahuita: entristece. Del verbo ahuitar. Yo ahuito, tu ahuitas, vosotros ahuitáis. Lo que tú necesitas es dejar de preocuparte por tu destino y ocuparte de él.

ADRIÁN: Dejar de pre-ocuparme y ocuparme de.... ¿Cómo?

Andrea: (*Acariciándole una mejilla.*) Rompiendo con el pasado. Entregándote a lo que llega. Mirando lo presente. Lo pasado, pasado, Adrián. Tienes que mirar lo que está frente a ti. O sea: enfrente. (*Se miran largamente.... Andrea le toca los hombros.*)
Adrián: Están tensos.
Andrea: Como de piedra. (*Andrea le masajea los hombros. Él suspira.*)
Adrián: Yo....
Andrea: Cállate.... (*Andrea lo sigue masajeando.*)
Andrea: ¿Mejor?
Adrián: Mejor.
Andrea: Bien. Párate. Los brazos: suelta los brazos. (*Ambos se paran. Andrea lo tiene tomado de ambas manos. Sacude sus brazos.*)
Andrea: Flojo, flojo. Abrázame. (*Adrián duda.*)
Adrián: Es que no te conozco.
Andrea: Te voy a tronar la espina dorsal. Abrázame. (*Adrián la abraza. Ella lo truena tres veces.*)
Andrea: Siéntate. En el sofá. Las manos. (*Se sientan. Ella le masajea las manos. El grita de dolor.*)
Andrea: Sopla, sopla, sopla. Son puntos de tensión, relájate.
Adrián: De veras no sé qué hacer conmigo mismo. Lo de Gina, haber terminado lo de Villa también. Me quedé sin proyecto de vida.... No hay héroes vivos alrededor nuestro; la Revolución está muerta: la de 1910 la asesinó precisamente tu abuelito. (*Grita de dolor por un punto de tensión que Andrea le toca....*)
Andrea: Sopla, sopla, sopla.
Adrián: (*De plano llorando.*) Y la revolución de mi generación, se la secuestró la derecha, para deshuesarla, descojonarla.... Así que sí, "me agobia la mediocridad." Me agobia voltear y ver la punta de mercaderes merolicos que detentan el poder en nuestra época. Puta madre, no sé de dónde saqué que el mundo podía ser justo, y no el compendio de pequeñeces e indecencias que me dedico a delatar en el periódico desde hace veinte, veinticinco años. Estoy exhausto, Gina.
Andrea: Andrea.
Adrián: Andrea.
Andrea: (*Sacudiendo las manos porque el masaje ha terminado.*) Estabas cargado, papacito. (*Pausa: él la mira como por primera vez.*)
Adrián: ¿Sabes algo? En serio te pareces al general Plutarco Elías Calles.
Andrea: ¿Por qué no? Soy su nieta.

ADRIÁN: Pero en esta luz, más. Se te forman sombras curiosas. (*Tocándole el rostro con el dedo índice.*) Alrededor de los ojos, por ejemplo, de manera que los ojos se te ven más negros. Como si de valeriana. Chiquitos y de valeriana negra, casi azul: como los de él. Y en el labio superior, es decir: arriba del labio superior, tienes otra sombra, y parecería que llevas, como el general, un bigotito.

ANDREA: ¿En serio?

ADRIÁN: Un bigotito. Hitleriano. (*Él le marca con el índice el lugar del bigotito.... Ella, enternecida lo besa en el cuello.*)

ANDREA: Oye Adrián..., ya en serio. ¿Por qué no escribes sobre don Plutarco?

ADRIÁN: ¿Sobre tu abuelo?

ANDREA: (*Besándole el cuello entre frases.*) Tengo su archivo personal, ahí en las habitaciones.

ADRIÁN: Debajo de tu cama.

ANDREA: Cerca. Como soy la menor de sus nietos, me tocó en herencia.

ADRIÁN: Con algunas propiedades además, supongo.

ANDREA: Latifundios. Fortunas en marcos suizos. (*Apartándose.*) ¿Qué pasa? (*De la cocina ha entrado Doña Micaela.*)

DONA MICAELA: Ya acabé, señora.

ANDREA: Ay doña Mica, le pago el martes, ¿sí?, no tengo cambio.

DONA MICAELA: Sí. Compermiso. (*Va a la puerta principal....*)

ADRIÁN: Propio.

DONA MICAELA: Gracias. (*Al salir se pone un pasamontañas, lo vemos por el instante en que termina de cerrarse la puerta.*)

ANDREA: Volviendo a lo del archivo. (*Abraza a Adrián.*) Hay papeles inéditos, bastante sorprendentes. Hay documentos que en su época fueron secretos. Sería un libro revelador....

ADRIÁN: No. Haría pedazos a tu abuelo. Maldito burgués nepotista corruptor vende Patrias jijo de la chingada. Es decir: lo haría mierda.

ANDREA: No creo que le importe. Ya está hecho ceniza. (*Andrea va al librero y busca entre los libros. Saca el libro de Villa. Lo abre.*)

ANDREA: Voy a citarte. Lo tengo marcado con un separador de plata y subrayado con plumón amarillo. (*De una patada prende la grabadora. Suena un danzón.*) "Es en Plutarco Elías Calles en quien cristaliza definitivamente la traición a la revolución popular de Zapata y Villa." Bonita frase.

ADRIÁN: Pues es cierto, aunque esté regularmente escrito.

ANDREA: (*Muy seductora.*) Pruébamelo.

ADRIÁN: ¿Perdón?

Andrea: Oh sí, estás entendiendo bien: sistematiza el material confidencial de don Plutarco... y pruébamelo, despacio, con fechas, con documentos, y para la Historia con h mayúscula....
Adrián: Já. El bigotito.... (*Andrea lo besa en los labios, brevemente. Adrián no reacciona, pero no se aparta.*)
Adrián: Já. (*Andrea lo vuelve a besar, largamente. Entra la punta de un cañón.... El cañón sigue entrando, con Villa montado en él....*)
Adrián: Puede ser. ¿Por qué no? Puede ser. (*Andrea lo besa, brevemente. De golpe Adrián se alza en pie, cargándola. La lleva al dormitorio, mientras Villa termina de entrar sobre el cañón.*)

2
Villa mueve la manivela para desplegar el cañón telescópico. Es inmenso, impresionante, cruza la escena entera. Villa prende la mecha del cañón.... Dispara. Pero la punta del cañón cae al suelo.
Entra a la sala, desde el dormitorio, Andrea, en la bata japonesa de Gina. Viene molesta, irritada. La irrita todavía más la pequeña bala que cae del cañón y bota en el suelo. Va al bar a servir dos copas de coñac.

3
Adrián regresa a la sala con sus zapatos y calcetines en las manos. Pausa.
Adrián: No... pude, y creo que... creo que, por un rato... no voy a poder.... (*se encamina a la puerta.*) ... no voy a poder... olvidarla.
Sale. Andrea se queda sola, dos copas de coñac en sendas manos.
Oscuro.[3]

---

[3] Para el remontaje de la obra en el año 2001, casi a diez años de su estreno, reescribí algunas líneas de este cuarto acto. Sólo aquéllas que sonaban anacrónicas debido a un suceso político reciente: en el año 2000 el Partido Revolucionario Institucional había perdido la Presidencia del País por primera vez desde su fundación por Plutarco Elías Calles, abuelo de Andrea. Así que los poderosos eran otros pero los pobres los mismos; el zapatismo seguía en pie de lucha, y el machismo ahí andaba rampante, sin sobresaltos mayores: para que la obra sonara vigente no tuve que reescribir nada más, por desgracia.

Vicente Leñero y el Teatro Clandestino

Vicente Leñero decidió ceder su posición como uno de los dramaturgos mexicanos más activos de la segunda parte del siglo veinte. El anuncio lo hizo él mismo cuando al concluir el milenio indicó – por medio del título de su publicación *Dramaturgia terminal* – que había dejado de escribir teatro. Ya antes había afirmado que otros dramaturgos como Sabina Berman y Víctor Hugo Rascón Banda representaban la nueva vanguardia teatral en su país. Sin embargo, a pesar de este alejamiento del mundo teatral, es imposible ignorar el impacto que Leñero ha tenido, y que sigue teniendo, en la escena cultural mexicana.

Este prolífico autor nació en Guadalajara, Jalisco, en 1933, aunque en realidad él es de la Ciudad de México, y de hecho de la misma calle en el mismo barrio donde se halla su casa – su nacimiento fuera del DF ocurrió durante un breve periodo cuando su padre, un hombre de negocios, buscaba empleo. En su libro *Vivir del teatro*, una bitácora en dos volúmenes que discute las puestas en escena de numerosas obras suyas, nos narra un día clave en su vida: a pesar de que estudiaba una carrera que en los años cuarenta representaba una trayectoria pragmática, al salir de una obra de teatro sabía que, aunque terminaría sus estudios en ingeniería, definitivamente iba a ser dramaturgo. Esta epifanía artística, este momento clave en su vida, tiene orígenes en su niñez, cuando el teatro ocupaba un lugar especial en su vida. Cada año iba con su familia a la representación de *Don Juan Tenorio*, y con su hermano jugaba, o mejor dicho creaba, mundos ilusorios con un teatro de títeres que habían construido.

Como atestigua el título de la bitácora arriba mencionada, Leñero es uno de los pocos que han podido vivir de su creación artística, aunque es el primero en reconocer que en los años iniciales fue su esposa, una psicoanalista, quien hizo económicamente posible su dedicación a las diversas formas de la escritura. Tal como los otros autores en la presente edición, Sabina Berman y Víctor Hugo Rascón Banda, Leñero participa de una vida artística multifacética. Además de la labor teatral, tema que se delineará después de considerar otros elementos de su trayectoria profesional, es conocido por su rol como guionista (muchas veces con la colaboración de otros escritores) en literalmente docenas de películas. Una de las primeras, *Los albañiles* (1976), es una cinta basada en la novela y texto dramático del mismo título (ambos también escritos por Leñero), que presenta un mensaje sobre la impunidad, la corrupción y sobretodo el tratamiento cruel al que es sometido Don Jesús por varios de los personajes de la obra. El nombre de la figura central de la obra (Jesús) implica la ausencia de la misericordia religiosa en el escenario. Otras películas incluyen *Los de abajo* (1978), derivada de la novela homónima sobre la Revolución Mexicana escrita por Mariano Azuela; *El callejón de los milagros* (1995), una adaptación que ganó docenas de premios y que presentó al mundo internacional a la actora Salma Hayek; *La ley de Herodes* (1999), una parodia original que retrata la corrupción en un pueblo pequeño como microcosmos de México en los años 50; y la adaptación de *El crimen del padre Amaro* (2002), una película que gira en torno a un clérigo católico que se envuelve amorosamente con una niña de 16 años – como la madre de ésta y otro sacerdote católico habían hecho en el pasado. Aunque esta película se basa en una novela del siglo diecinueve, revela una realidad mexicana que no obstante muchos resistieron. A pesar de los intentos de censurar este proyecto, *El crimen del padre Amaro* llegó a ser un éxito internacional. Aunque han habido intentos de censurar éste y otros proyectos, durante las últimas décadas Leñero ha logrado dar a la luz una visión singular e impactante de la vida mexicana.

La dedicación de Leñero a temas sociales, y muchas veces a temas religiosos – es un católico creyente – quizás tenga su base en el periodismo, carrera que estudió en la prestigiosa Escuela de Periodismo Carlos Septién García. Esta faceta de su vida profesional se caracteriza al principio por su tarea como escritor de guiones para la radio y después por su trabajo como director de las revistas *Claudia* y *Revista de Revistas*. Después Leñero participa en uno de los acontecimientos históricos más interesantes del periodismo mexicano: En el año de 1976 se vio el éxodo de muchos cooperatistas, entre ellos Leñero, del periódico *Excélsior* como resultado de la persecución política del gobierno del presidente Luis Echeverría. Poco después de este acontecimiento algunos de los ex-colaboradores de *Excélsior*, dirigidos por Julio Scherer y con Leñero como vocal, forman una agencia de noticias que empezó con dos máquinas Telex. En noviembre de 1976, el último mes del sexenio de Echeverría, publican las primeras ediciones de *Proceso*, la revista semanal con la que colaboró Leñero por más de dos décadas, aunque su papel en esta revista ya no ocupara una parte central de su vida profesional.

La experiencia periodística define de una manera impactante su arte teatral. Dice Leñero con sincera modestia: "[N]o se me ocurren muchas historias, y entonces mi oficio periodístico me facilitaba mucho el meterme en historia – no soy historiador pero sí periodista – y poder hacer obras que derivaran de acontecimientos públicos o de otras novelas." Rodolfo Usigli, escritor de la obra de teatro *El gesticulador* y considerado por muchos como el "padre" del teatro mexicano contemporáneo, señaló en una reseña sobre *Pueblo rechazado* el tema que resalta en los escritos del Leñero: "[B]asa su obra en un acontecimiento, un documento [que] corresponde a la realidad y la vida inmediata de México." Leñero indica que este teatro documental, este teatro basado en documentos y/o eventos históricos, incluye obras como la que menciona Usigli, *Pueblo rechazado* (1968), que gira en torno al caso del prior (Gregorio Lemercier) de un monasterio de Cuernavaca que corría peligro de ser expulsado por el Vaticano por defender el psicoanálisis; *Compañero* (1970), basada en la figura revolucionaria de Ernesto "Che" Guevara, su diario, y otros documentos; *El juicio* (1971), una obra que toma como su tema central el asesinato del General Álvaro Obregón; y *Martirio de Morelos* (1983), que, como indica el título, trata la vida del independentista José María Morelos y sus últimos días de vida en 1815. Cada una de estas obras va más allá de un sencillo recuento histórico: todas subrayan siempre los conflictos, cuestionan la hipocresía y abren el libro de la historia oficial (libro metafórico excepto en el caso de *Martirio de Morelos*, cuya primera escena empieza con un pesado texto histórico sobre un atril) a otros puntos de vista.

Las adaptaciones componen la segunda categoría que Leñero ha empleado para explicar las facetas diferentes de su producción creativa. Forjó *Los albañiles* (1969) de su propia novela; basó *Los hijos de Sánchez* (1972) en el texto antropológico de Oscar Lewis sobre México; y para *Las noches blancas* (lectura dramática 1981) se inspiró en las páginas de la novela homónima del escritor ruso Fiódor Dostoievski que había leído cuando era niño. Las piezas domésticas que componen la tercera categoría dramática, piezas que tratan los temas propios de la intimidad familiar, incluyen *La mudanza* (1979), *Alicia, tal vez* (1980) y *La visita del ángel* (1981). Estas obras proveen una visión de la vida íntima; sin embargo, su temática va más allá de lo doméstico para hacer que el público piense en los marginados (en *La mudanza* emergen de un baúl "monstruos" que invaden el espacio doméstico de una pareja de la clase media), para cuestionar los roles de género (la protagonista de *Alicia, tal vez* deja a su esposo para después afirmar que trabajar como "vulgar secretaria" es otro tipo de esclavitud), y para explorar el momento de la vejez, un tema que se destaca en *Qué pronto se hace tarde* (1996) lo mismo que en su obra experimental *La visita del ángel* donde estudia los efectos de la llegada de la nieta de una pareja de tercera edad. La combinación de aspectos absurdistas y realistas en *La visita del ángel* es un recordatorio importante: las categorías que Leñero usa para describir su teatro no siempre son nítidas. De hecho, el autor afirma que con su obra *La noche de Hernán Cortés* (1992) su interés en el teatro "puramente" documental disminuía: "Yo tenía en principio los documentos de un supuesto asesinato de Hernán Cortés a su esposa. Pero entonces ya no me pareció muy interesante el esquema del teatro documental y fue una obra más sobre la memoria, la imposibilidad de recordar."

Esta disolución de las fórmulas teatrales fijas también se ve con *Nadie sabe nada* (1998), una obra que se distancia de la producción anterior de Leñero al incluir múltiples escenas que ocurren simultáneamente: el público ve lo que pasa en varios espacios escénicos, aunque se privilegia el que contiene la acción predominante de cada escena. *Nadie sabe nada* no es una obra documental, pero sí tiene como eje central documentos explosivos (y ficticios) que han pasado por el escritorio del Presidente de México, y por los que elementos del gobierno pagarían ochenta mil dólares. Dos periodistas saben que tienen entre las manos un Watergate mexicano pero, como Leñero creía imposible en México un *thriller* con fin positivo, el artículo periodístico que finalmente se publica sobre el archivo es una versión sosa, sanitaria, de los eventos que hemos percibido en el escenario – la corrupción masiva al interior del Partido Revolucionario Institucional.

Todos somos Marcos también trata sobre la política mexicana, y como *Nadie sabe nada* y *La noche de Hernán Cortés* no se clasifica fácilmente en términos de la producción anterior de Leñero. Del mismo modo que en sus obras que representan el teatro doméstico, se trata aquí de una escena íntima, pero que también gira en torno al levantamiento zapatista de 1994 en Chiapas. Fue escrita después de que Leñero tuviera una conversación con el subcomandante Marcos, el vocero del Ejército Zapatista de Liberación Nacional (EZLN), el grupo revolucionario que tomó su nombre de Emiliano Zapata, el héroe de la Revolución Mexicana de 1910. *Todos somos Marcos* fue parte de un ciclo teatral en La Casa del Teatro, un centro de actuación que Leñero describe en el manifiesto publicado en el programa de mano: "Los temas que este Teatro Clandestino sugiere son los temas de nuestras conversaciones diarias, en todas partes." La idea de tratar temas actuales – temas urgentes – y de usar el arte como medio para promover conversaciones importantes es algo que muestra la ansiedad que tienen muchos dramaturgos sobre la importancia del teatro en la vida de los ciudadanos. Dice Leñero: "Yo tenía una vieja idea de hacer teatro de ocasión, así como se hacen reportajes, que funcionan cuando el asunto está vivo y que después pierde un poco tomando en cuenta que de por sí el teatro es efímero, en lo que yo creo mucho. Bueno, a veces se me ocurría hacer un teatro como periodístico, acontecimientos así que se pusieran en una semana, que se escribieran al vapor, [que] en una semana se presentara la obra, se ensayara en quince días, se montara la obra y luego otra y otra."

Aunque el Teatro Clandestino no era – como podría indicar su nombre – prohibido, sí proveía un espacio "underground" en que Leñero pudo representar un tema muy actual: la división entre personas que supuestamente tendrían las mismas ideas sobre los zapatistas. Específicamente, Leñero quería explorar "cómo la figura de Marcos podía de pronto polarizar a una sociedad representada por [una pareja] siendo los dos de alguna manera gente de izquierda." La obra toma lugar en un departamento humilde; después de la escena inicial de la pesadilla en que Raúl es acuchillado, Miguel llega para ver si le convendría alquilar el espacio. Raúl va a abandonar su departamento para buscar empleo en otra ciudad – y para escaparse de las memorias de Laura, quien lo dejó para vivir – y luchar – con los zapatistas. El escenario llega a ser un campo de batalla que cuestiona el *estatus quo* no sólo de los presidentes Carlos Salinas de Gortari y Ernesto Zedillo sino también de personajes que se identifican con la izquierda mexicana. Laura se alienta al asistir una manifestación en el zócalo para apoyar a los zapatistas, una manifestación que subvierte la autoridad del partido político dominante, el Partido Revolucionario Institucional (PRI). Después de participar en este evento que se basa en una manifestación real de febrero de 1994, después de estar entre este mar de personas – muchos de los cuales llevaban pasamontañas – Laura ve cómo su propio sentido de la justicia se reactiva, y quiere conversar con Raúl. Pero el diálogo de Raúl, para no mencionar sus acciones violentas, revela su deseo de emplear la historia oficial, en palabras que imitan las del PRI y otras voces conservadoras, que acusaban a las mujeres de estar enamoradas de Marcos y a los zapatistas de tener motivos impuros, para intentar reestablecer su dominio patriarcal.

Las palabras con que Raúl cierra la obra ("¡Pinche Marcos!") indican un cuestionamiento doblemente doméstico de la obra – el espacio doméstico que es el departamento de la pareja, y el escenario doméstico en el sentido nacional, de la patria. Los zapatistas subvierten el deseo de Raúl de tener relaciones con Laura tal como subvierten el sueño neoliberal representado por el Tratado de Libre Comercio de América del Norte (TLCAN), pues el primero de enero de 1994, el día del levantamiento zapatista, también es el día en que el TLCAN, conocido en los Estados Unidos como NAFTA, llegó a ser ley en México. Cuando el público se da cuenta de que Laura es la zapatista que acuchilla a Raúl en la primera escena de la obra, justo antes de la llegada de Miguel, llega a experimentar no sólo el miedo de Raúl de perder el control sino que también siente la manera en que los zapatistas entraron en los aposentos de los mexicanos para imponer un recordatorio: que no había desaparecido el sueño de la igualdad ni la pesadilla de la injusticia. Este compromiso social por parte de Leñero – característica de todas sus obras sea cual sea su estilo – refuerza el valor de las voces disidentes, las voces que cuestionan el estatus quo de lo sagrado, las voces que muchas veces no se quieren escuchar.

Stuart A. Day
Universidad de Kansas

Subcomandante Marcos. Archivo abierto

Todos somos Marcos

Vicente Leñero

> "Si desaparece Marcos con pasamontañas,
> cualquiera de nosotros se pone un pasamontañas
> y ése es Marcos"
> *Diálogo con Marcos, en Chiapas*
> *febrero de 1994*

PERSONAJES
(jóvenes en torno a los 30 años)

RAÚL
LAURA
MIGUEL

Todos somos Marcos se estrenó en 1995 en la Casa del Teatro y Foro La Gruta con el siguiente reparto:

RAÚL	Álvaro Guerrero
LAURA	Arcelia Ramírez
MIGUEL	Jorge Zárate
ESCENOGRAFÍA E ILUMINACIÓN	Philippe Amand
VESTUARIO	Lilian Lara
TEXTO	Vicente Leñero
DIRECCIÓN	Morris Savariego
PRODUCCIÓN	Casa del Teatro

Lugar de la acción:

Cuarto único de un pequeño departamento deteriorado, en piso alto, Ciudad de México. Tiene una puerta que conduce a la cocina y al cubo del baño, y otra puerta de entrada que conecta al pasillo exterior. Ventana a la calle.

El departamento parece a punto del desalojo. Pocos muebles: un sillón, una mesa con dos o tres sillas y una cama. En la mesa hay trastes y utensilios sucios. De un perchero cuelga un suéter de mujer. Ropa de varón y varios objetos, botellas, ceniceros repletos de colillas, en todo el espacio. Desorden general.

Son las primeras horas de la mañana; por la ventana empieza a entrar, apenas, la claridad del día. Sobre la cama, agitada, en calzoncillos y camiseta, duerme Raúl. Gira de un lado a otro, remueve las sábanas, gime. Es evidente que está soñando una pesadilla.

Pegada a la ventana por el exterior, surge una figura humana, como flotando. Viste pantalones liváis, pero es una mujer. Lleva cubierta la cabeza con un pasamontañas zapatista.

Después de un lapso durante el cual permanece inmóvil, mirando hacia el interior de la casa, la mujer con pasamontañas cruza la ventana y entra en el cuarto. Avanza lentamente hacia la cama donde Raúl sufre en sueños. Se detiene para observarlo. De pronto, con fiereza, extrae de su cinto un cuchillo y acomete contra Raúl. Le propina varias cuchilladas en el cuerpo. Raúl gime herido y se revuelve en la cama, como defendiéndose, siempre dormido, hasta que rueda y cae al suelo. No se derrama una sola gota de sangre.

La mujer con pasamontañas observa unos instantes a Raúl, enfunda de nuevo su cuchillo y se dirige de regreso a la ventana. La cruza y desaparece en el exterior.

Trascurre un largo lapso. La claridad del día asciende. Raúl continúa tendido en el suelo, al pie de la cama, pero ya no se mueve.

Se escucha sonar el timbre de la puerta: dos o tres veces hasta que Raúl despierta. Tarda en salir de su vigilia. Al fin, apurado por el sonido del timbre, cobra conciencia. Se extraña de encontrarse en el suelo y se yergue trabajosamente mientras pregunta, absurdo:

RAÚL: ¿Quién?

En calzoncillos y camiseta, adormilado, Raúl llega hasta la puerta. La abre. Al otro lado se observa la figura de Miguel, que viste informal.

MIGUEL: ¿Te desperté?

RAÚL: (*Tarda en reaccionar.*) No no... Pásale, pásale.

MIGUEL: Quedamos a las once, ¿que no?
RAÚL: ¿Qué horas son?
MIGUEL: Si quieres vengo después.
RAÚL: No no, pásale. (*Seguido por Raúl, Miguel avanza hacia el interior.*) Es que me acosté muy tarde.... Puta, estoy crudísimo.
MIGUEL: No me urge tanto, eh.
RAÚL: ¿Quieres un café?
MIGUEL: Por mí no te preocupes. Déjalo.
RAÚL: Yo necesito un café para despertar, carajo.
MIGUEL: Me da pena, Raúl.
RAÚL: No mames.
Raúl se ha dirigido a la puerta interior, por la que desaparece rumbo a la cocina. Mientras Raúl está invisible, Miguel observa el departamento, como examinándolo con gesto de fuchi: las paredes, el piso, la ventana, los muebles, el desorden general.
MIGUEL: Ya te llevaste casi todo, ¿no?... Tenías muchos libros, y los cuadros, ¿no? La sala... (*Acentúa el gesto de fuchi.*)
RAÚL: (*En off, desde la cocina.*) Es un desmadre, ni te fijes.
MIGUEL: Le hace falta una pintada, pero aguanta. ¿Cuánto dices que pagas?
RAÚL: (*En off.*) ¡¿Qué?!
MIGUEL: Cuánto estás pagando por el departamento.
RAÚL: (*En off.*) Ya llevo tres años aquí.
Silencio.
MIGUEL: Me acuerdo la vez que vine. Estaban llenos de muebles, casi no cabían. Se veía padre.
Miguel examina el sillón; en el asiento hay un cenicero, lo quita. Luego levanta una servilleta mugrienta del suelo. Se escuchan ruidos de Raúl en la cocina.
MIGUEL: También Jorge Lobo dejó su depa de la Portales, pero tenía dos recámaras.... Se lo pasó a Jovita, ¿te acuerdas de Jovita? Lo puso a toda madre, dizque muy posmoderno.... Hijo, buey, se me adelantó. Pero yo no hubiera podido de todos modos; ya andaba sin chamba cuando supe.... ¿Te conté eso, verdad?
RAÚL: (*En off.*) ¿Se quedó sin chamba Jovita?
MIGUEL: Sí también ella. La corrieron del Banco en el segundo recorte. Ya creía que se había salvado, pero chin, que se la mochan. Lo bueno es que agarró luego luego una onda de secretaria. Le pagan una miseria pero tuvo suerte.... Para cómo está pegando la pinche crisis cualquier trabajo es bueno. Está cabrón. Ora sí que más cabrón que nunca. A cualquier buey que te

encuentras ya ni le preguntas. No, pos que me mocharon. No pos que ando buscando. No, pos que ahora sí que ni por dónde. Hijo, está cabrón.
Raúl regresa por la puerta interior.
RAÚL: Seiscientos pesos
MIGUEL: ¿Qué cosa?
RAÚL: Eso pago de renta por este cuchitril.
MIGUEL: ¿Seiscientos pesos?
RAÚL: Ve cómo están los otros. Nada más pregúntale a Carbajal que también andaba buscando. Por un solo cuarto en la azotea, cerquita de Barranca del Muerto pero más arriba....
MIGUEL: ¿Por Mixcoac?
RAÚL: Ochocientos paga el pelón.... Y no lo deja, eh. Ni con la beca.
MIGUEL: ¿Tiene beca el Pelón?
RAÚL: Desde el año pasado.
MIGUEL: Ah Dios. Si ese buey escribe con las patas. No me digas que por sus pinches poemas/
RAÚL: Beca de artes plásticas, buey. Ahora hace instalaciones.
MIGUEL: ¿Y cómo le hizo?
RAÚL: Cómo le hizo *qué*.
MIGUEL: Para ganarse la beca.
RAÚL: Conoce a los de *Nexos*. Es cuate de Aguilar Camín.
MIGUEL: No mames.
RAÚL: Pregúntale.
MIGUEL: Pero a poco Aguilar Camín todavía rifa en el Consejo. Y menos para artes plásticas.
RAÚL: La chava del Pelón es sobrina o no sé qué de Tere del Conde.
MIGUEL: Ah, pues será por eso. Sólo así.
RAÚL: Eso es lo que yo te he dicho siempre, Miguel. Si no tienes palancas, para qué sueñas. ¿Cuántas veces has pedido la beca?
MIGUEL: Ya ni la pido.
RAÚL: Pero cuántas veces la has pedido.
Miguel truena la boca, molesto. Se sienta en el sillón. Silencio.
Raúl levanta del suelo unos pantalones y se los enfunda.
MIGUEL: Entonces qué pasó con Laura, me ibas a contar.
RAÚL: No me hables de la pinche Laura.
MIGUEL: Tronaron.
RAÚL: Es de la chingada.
MIGUEL: Pero qué pasó.

Raúl: Pendejadas.
Miguel: ¿Y adónde se largó? Se llevó los muebles o qué.
Raúl: No, no se llevó nada. Lo que pasa es que yo ya me harté de esta pinche ciudad: el amontonadero de gente, la falta de lana, las prisas, el esmog.
Miguel: No me digas que te preocupa mucho el smog, buey.
Raúl: También el esmog, claro. Ya no se puede vivir aquí.... Le regalé mis triques a mi hermano Pepe y yo me voy a ir a Tepic.
Miguel: Pero qué vas a hacer a Tepic.
Raúl: Allá tengo familia. Unos tíos. Mi primo me va a dar una chamba.
Miguel: Chamba de qué.
Raúl: No sé, de lo que sea. Es cuate del gobernador.
Miguel: ¿Del gobernador de Tepic...; digo, de Nayarit? ¿Quién es el góber de Nayarit?
Raúl: No tengo la más puta idea ni me importa. Lo que quiero es irme a otra parte, lejos de tantos pedos, de la inflación, de la política. Ya estoy hasta la madre de discutir de política a todas horas, a donde vayas.
Miguel: Y a poco en Nayarit no hay inflación, ni política, ni pedos.
Raúl: No hay esmog. (*Transición. Se encamina hacia la cocina.*) Voy por el café. ¿Quieres azúcar?
Miguel: Es igual. (*Transición.*) Se ve que tronaste duro, Raúl.
Raúl: (*Se detiene brevemente.*) ¿Qué?
Miguel: Con Laura.
Raúl hace un gesto y desaparece tras la puerta interior. Se le oye hablar desde adentro.
Raúl: (*En off.*) Si te quedas con el departamento y te sirven esas chivas, te las dejo, como quieras.
Miguel: (*Sin entusiasmo.*) Gracias.
Silencio.
Raúl regresa con dos tazas servidas de café. Le entrega una.
Raúl: Lo único que aquí sirve es el café. (*Toma de la mesa la azucarera.*) Aquí hay azúcar.
Miguel: No, está bien así. Gracias.
Raúl: Pasa a ver la pinche cocinita y el baño, si quieres.... Es un cochinero, pero pa que la veas, no hay pedo.
Miguel: (*Después de que niega, ambiguo.*) Cuánto hace que tronaste con Laura.
Raúl: Tres meses.
Miguel: ¿Ah sí, ya tres meses?.... Todos creíamos que se llevaban ustedes a toda madre. Se les veía bien acoplados. Yo nunca pensé....

RAÚL: Nos llevábamos a toda madre, pero no tanto. En unas cosas sí, en otras no.... Pensábamos distinto. Bueno, no distinto.... Ella estaba feliz con el depa; le metió mucho carácter, tú te acuerdas.

MIGUEL: Sí, aunque vine hace mucho: un día hiciste un reventón con Jaime, con Jovita, con esta muchacha tetona, cómo se llamaba.... Tenías ahí un librero, ¿no? Un chingo de libros. Estaba padre, tenía ambiente. Es un lugar chiquito, pero tenía ambiente.

RAÚL: Se lo puso Laura.... Tres años. Duramos tres años. Y bien... con pedos, pero bien. Nos entendíamos en... en casi todo.... En la cama.... uta, a toda madre.

MIGUEL: Me lo imagino.

RAÚL: Lo que pasa es que Laura se aceleró muchísimo.

MIGUEL: No me digas.

RAÚL: Muchísimo, no sabes.

MIGUEL: Pero cómo, en qué sentido....

RAÚL: Se volvió izquierdosa a lo bestia. Puño en alto y esas madres.

MIGUEL: Pe Erre De.

RAÚL: No, Pe Erre De no tanto. Más bien, cómo te diré.... Desde enero del año pasado, con lo de Chiapas.

MIGUEL: Bueno, para cómo está el país cualquiera se acelera ahorita.

RAÚL: Pero no como Laura. Se volvió zapatista de corazón.

MIGUEL: ¿De veras? No me digas. Nunca lo hubiera imaginado.

RAÚL: Es que no la conociste bien. Desde la UNAM era prendidísima.... Y a mí no me importaba, la verdad. Hasta yo era un poco como ella.... También yo me prendí con lo de Chiapas, al principio.

MIGUEL: Como todos.

RAÚL: Laura más. La agarró... como si fuera lo más importante de su vida, como si no hubiera otra cosa en qué pensar.

MIGUEL: Como si fuera indígena, ¿no? Ahora todos se sienten indígenas, y mucha raza, y mucha vibra chamula, y la chingada.

RAÚL: Bueno, no se necesita ser indígena para entender a esos pobres, no mames. Los indígenas han estado jodidos desde hace quinientos años.

MIGUEL: Sí sí, yo lo sé, yo lo sé.

RAÚL: El pinche gobierno los ha engañado toda la vida. Pura solidaridad y esas mamadas. No se vale.

MIGUEL: Claro que no se vale.

RAÚL: Ya estamos hasta la madre de aguantar tanta mentira. Primero con el pinche Salinas y ahora con Zedillo. Eso me encabrona.

Miguel: Y por eso tronaste con Laura.
Silencio.
Raúl: No, no fue por eso. Fue una pendejada.
Miguel: Qué pasó.
Raúl deja su taza. Cambia de sitio. Tarda en hablar.
Raúl: ¿Te acuerdas del mitin en el Zócalo?, en febrero.
Miguel: El cierre de campaña de Cuauhtémoc.
Raúl: En febrero. En febrero de este año. El once de febrero justamente. Al día siguiente de su cumpleaños.
Miguel: ¿Cuál cumpleaños?
Raúl: El de Laura. (*Pausa.*) La pasamos aquí, con unos cuates y unas amigas de ella. Puro alegar hasta las tres o cuatro de la madrugada: una de esas pinches discusiones que no sirven para nada. El pedo, ya sabes.... Caímos como tablas. Yo me levanté crudísimo y me tuve que salir corriendo, temprano; porque tenía que ir al hospital a ver a mi papá.
Miguel: ¿Está enfermo tu papá?
Raúl: Lo operaron de la próstata. Un tumor.
Miguel: No me digas.
Raúl: Pero ya está mejor.
Miguel: Qué lástima, hombre. No sabía.
Raúl: Ya casi no hablé con Laura ese sábado, pero quedamos de vernos en la noche para ir al cine.... Regresé ya en la tarde y encontré el depa hecho un desastre, como lo dejamos en la noche. Me puse a limpiar.
La luz ha ido decreciendo hasta convertir el ambiente en nocturno. Raúl enciende la luz y una casetera, y se pone a accionar en el departamento mientras que Miguel permanece inmóvil en el sillón: lleva los trastes sucios a la zona de la cocina, barre el cuarto con una escoba, acomoda algunos objetos, tiende la cama.... Está terminando de tender la cama cuando entra por la puerta exterior la mujer con pasamontañas. Es Laura. Viste los mismos liváis y va cubierta de la cabeza con el pasamontañas. En la mano, un cartoncillo enrollado.
Raúl está de espaldas cuando entra Laura. La música del caset ha apagado el ruido de la puerta. El único que observa a Laura es Miguel, pero desde el tiempo del relato.
Laura: (*Irrumpiendo, exclamativa.*) ¡Hoy nos toca a nosotros decir: ya basta!.... ¡Libertad, justicia, democracia! ¡Soy un mito genial!
Raúl ha girado hacia Laura, y se sorprende, mientras Miguel sonríe.

RAÚL: (*Dirigiéndose a Miguel*) Al principio me llevé el susto de mi vida. Pensé que era un asalto, no sé; que había entrado un zapatista. No podía creerlo.
Laura despliega el cartoncillo. Es un cartel que dice "TODOS SOMOS MARCOS." Mientras lo hace entona el estribillo, a ritmo de manifestación:
LAURA: ¡To-dos somos Mar-cos! ¡To-dos somos Mar-cos! ¡To-dos somos Mar-cos!
RAÚL: Qué te pasa. Estás loca.
LAURA: Hubieras ido, Raúl; hubieras ido.
RAÚL: Estás loca.
LAURA: Te hubiera encantado, de veras. Estuvo impresionante.
RAÚL: Qué cosa. ¿De qué hablas?
LAURA: La concentración en el Zócalo.
RAÚL: Cuál concentración.
LAURA: Del Ángel hasta el Zócalo. La concentración de la que estaba hablando Graciela anoche.
RAÚL: ¡Quítate ese disfraz!
LAURA: Es un pasamontañas.
RAÚL: Quítatelo.
LAURA: (*Coqueta.*) ¿No quieres saber a qué te sabe un beso con pasamontañas?
Laura besa a Raúl en la boca. Él la separa rápidamente.
RAÚL: No seas payasa.
LAURA: Es que no viste cómo estaba el Zócalo, Raúl; la gente. El entusiasmo de todos. Por primera vez me di cuenta de que este país sí tiene remedio, sí lo tiene.
Silencio. Laura se quita el pasamontañas. Se sacude el pelo. Raúl toma el pasamontañas y lo examina, como con asco.
RAÚL: Regalaban estas máscaras o qué. ¿Todos iban así?
LAURA: Me la regaló Anita. Ella es de Chiapas.
RAÚL: No me digas que todos iban con pasamontañas, qué ridículo.
LAURA: Mucha gente. Niños, mujeres, hombres.... Algunos llevaban el paliacate de los zapatistas, así hasta la nariz. Otros llevaban mantas, pancartas, y todos íbamos gritando (*entona*): To-dos somos Mar-cos, To-dos somos Mar-cos, To-dos somos Mar-cos. (*Toma la pancarta y la lleva hasta un muro del cuarto.*) Ésta la voy a poner aquí, como el recuerdo más importante de mi vida.... ¿No tienes unos clavitos?
RAÚL: No seas ridícula, Laura, por favor.
LAURA: De veras nunca me había emocionado tanto, Raúl. Me sacudió.... Fue algo... fue algo histórico. La Ofelia Medina iba cargando un paliacate

grandísimo, como para un gigante, que pusieron en el Ángel, abajo, en la escalinata.

RAÚL: Ya, ya cálmate.
Raúl va hasta Laura. La interrumpe. La abraza.
RAÚL: Me gustas más sin pasamontañas, Laurita. Tú no tienes por qué taparte la cara, estás muy chula.
Abrazándola, jugueteando, Raúl lleva a Laura hasta la cama. La tiende. La cubre, cachondo, con su cuerpo.
RAÚL: Cada vez te estás poniendo mejor.
LAURA: (*Sonriendo.*) Ay, Raúl.
Raúl la faja. Ella se deja hacer y luego colabora con los besos y caricias.
RAÚL: Anoche no alcanzamos a celebrar tu cumpleaños. Estaba muy pedo.
LAURA: Ay, Raúl.
RAÚL: Mi zapatista... mi zapatista preciosa.
Miguel se ha levantado del sillón y se aproxima a la cama para observar más de cerca el faje. Éste parece subir en intensidad, pero Laura lo interrumpe de pronto. Se zafa de Raúl. Lo quita de encima de un empellón. Se levanta de la cama.
LAURA: No. Suéltame.
RAÚL: Qué traes.
LAURA: Déjame, no quiero.
RAÚL: Pero por qué.
LAURA: No quiero.
Laura desaparece por la puerta interior, rumbo a la cocina o al baño. Raúl está desconcertado. Apaga la casetera.
MIGUEL: Con las mujeres siempre pasa lo mismo. Uno nunca sabe cómo van a reaccionar.
RAÚL: Laura no era así.
MIGUEL: Todas son una incógnita.
RAÚL: Le gustaba cuando me ponía cachondo con ella.
MIGUEL: Pero estaba enojada.
RAÚL: Me pasé la tarde esperándola. Tenía muchas ganas de coger.
MIGUEL: Y ella quería hablar de la concentración.
RAÚL: Sí, ése fue mi error.
Largo silencio. Raúl toma un cigarrillo que le ofrece y lo enciende Miguel.
RAÚL: Eso fue lo que me puso de malas.
MIGUEL: Y por eso tronaron.
RAÚL: No seas pendejo, Mike.

MIGUEL: A mí me pasó algo parecido con Tina Maldonado. ¿Te acuerdas de Tina Maldonado?... Yo andaba pitando por ella, haciendo más osos que la chingada; tratando, no sé, que las cosas fueran más en serio. Pero desde el día del robo... el mero día del robo/ (*Se interrumpe bruscamente.*) Ay, ¿no te conté que le robaron en un cajero automático? Fue de la chingada, Raúl. A plena luz del día, entre un chingo de gente que estaba haciendo cola para sacar su lana, se le acercaron tres tipos. Uno con una fusca, así, de este porte, y otro con la pistola. Los tres drogados. ¡Y venga la lana, chiquita!... Tina reaccionó como por instinto: echó un grito, no sé, quiso quitárselos de encima, pero le fue peor porque el cabrón éste, el de la fusca, le tiró un mandarriazo que le pasó rozando el cachete... Y todo delante de la gente, cabrón, de los que estaban en el cajero automático... Se hicieron para atrás, claro; ni quién se atreviera a defenderla, y ella grito y grito la pobre, histérica. En pleno Insurgentes, Raúl, ahí enfrente al hotel de México... Entonces los tipos agarraron la lana, que eran como dos mil pesos, parece....

El regreso de Laura por la puerta interior interrumpe a Miguel. Raúl se desentiende de su amigo. Se dirige a Laura:

RAÚL: ¿Vamos a ir al cine?
LAURA: ¿Al cine?
RAÚL: En eso quedamos, ¿no?
LAURA: Yo nunca quedé en ir al cine. Desde anoche te dije que iba a ir a la concentración, y tú no quisiste.
RAÚL: No me dijiste nada; ni siquiera sabía que ibas a ir a ese argüende.
LAURA: ¿Cuál argüende?
RAÚL: El de la concentración, ¿no dices?
LAURA: La marcha no era un argüende. Era un mitin de solidaridad en apoyo a Marcos... Llenamos el Zócalo, ¿no te das cuenta? ¡El Zócalo, chiquito! Cien mil gentes gritando ¡Mar-cos!, ¡Mar-cos!
RAÚL: Puras viejas, seguro.
LAURA: No seas tonto.
RAÚL: Las novias de Marcos.
LAURA: Qué cabrón eres, Raúl.
RAÚL: Y dentro de poco, cuando agarren a ese tal Guillén: las viudas de Marcos. Ya me las imagino en el Zócalo, llorando a moco tendido por su héroe.
LAURA: No digas idioteces, Raúl, por favor. Me pones fúrica.
RAÚL: Pero es la pura neta, Laura. Todo el éxito de Marcos es por eso, por su pegue con las chavas.... ¿Por qué crees que Ofelia Medina anda en estas danzas? Uy, la vuelve loquita el enmascarado. No me digas que no.

Miguel se entromete, sin que Laura denote su existencia.
MIGUEL: Yo leí en *La Jornada*, al principio de todo ese escándalo de Chiapas, un artículo en que comparaban a Marcos con Richard Gere, con Harrison Ford, con Robert De Niro... Hasta uno del PAN dijo que era un Robin Hood hollywoodense.
Fastidiado por la interrupción, Raúl empella a Miguel.
RAÚL: No me jodas, hombre.
El empellón echa para atrás a Miguel. Cae directamente en el sillón. Ahí se queda, sentado.
LAURA: ¿Ya acabaste, Raúl?
RAÚL: ¿Qué?
LAURA: ¿Que si ya acabaste de decir idioteces?
RAÚL: Te digo que no son idioteces. Es la neta. Ustedes siempre lo vieron así, como un mito cinematográfico. Como Richard Gere, como Harrison Ford, como Robert De Niro. Pero apenas lo desenmascaró la Procu, ya no es lo mismo. El tal Guillén está feísón, es un tipo común y corriente, sin tantito así de charm. Se le acabó el misterio.
LAURA: Síguele, eh, síguele.
RAÚL: Ah, pero se vuelve a poner la máscara y uy, todas quieren con él.
Raúl toma el pasamontañas y amenaza con ponérselo.
RAÚL: Qué tal si yo me lo pongo, eh.... ¿Me lo pongo?
LAURA: No toques eso. Trae acá.
Laura persigue a Raúl para quitarle el pasamontañas. No lo consigue. Él la esquiva hasta que ella cede. Raúl se pone el pasamontañas.
RAÚL: Ahora sí. Ahora ya soy Marcos... Todos somos Marcos, Laurita. Ya puedes coger conmigo, ya no te doy asco.
Raúl trata de llevarla hasta la cama. Laura se resiste. Forcejean.
RAÚL: Para que te hagas la ilusión de que estás cogiendo con Marcos, no con el pinche Raúl.... Órale, ándale. Aquí está tu Marcos, Laurita.
LAURA: (*Mientras le golpea el torso con los puños.*) Cabrón.... Eres un cabrón, eres un cabrón.... Lárgate. Quítate, asqueroso.... Lárgate.
Fúrica y herida, Laura se sienta en la cama, de golpe. Contiene las lágrimas. Oprime los puños, con impotencia.
Raúl se frena, arrepentido. Se quita de un tirón el pasamontañas y lo arroja al aire. Del aire lo atrapa Miguel, desde el sillón. Hacia Miguel se dirige Raúl.
RAÚL: Se me pasó la mano, ni hablar, lo reconozco. Pero es que estaba muy encabronado, Mike.... Laura vuelta loca con la manifestación y con su héroe, mientras estábamos viviendo una bronca horrible, de lana: yo sin

dinero para el hospital de mi papá, debiendo tres meses de renta y con la deuda del bochito, además... Ella en las nubes, hazme el chingado favor.
Miguel examina el pasamontañas. Lo palpa.
RAÚL: Se quedó ahí, sentada en la cama.
MIGUEL: Llorando, me imagino.
RAÚL: Ojála se hubiera puesto a llorar.... No, qué va. Cuando Laura se ofendía de veras se ponía tiesa, como estatua, sin moverse, sin decir nada, mirando al vacío.... Como catatónica, cabrón.
MIGUEL: ¿De veras?
RAÚL: Y yo, desesperado. Porque se quedó así por horas, Mike.... Cuando menos media hora, si no es que más.
Raúl va hacia la cama. Se encuclilla frente a Laura.
RAÚL: Perdón, Laurita. Perdóname, soy un cabrón.... Me porté horrible, pero es que... es que me picas los celos, la verdad. (*Pausa.*) Mira, arreglé todo el depa para cuando llegaras, estaba hecho un cochinero. Quité los trastes de la mesa, barrí, tendí la cama para que tú y yo.... (*Se interrumpe.*) Laura... Laurita, hazme caso, por favor. Contéstame. Ya te dije que soy un cabrón. Perdóname, no te quise lastimar.
Laura no reacciona. Raúl sale del cuarto y desaparece por la puerta interior.
MIGUEL: En esos casos, lo mejor con las mujeres es dejar que se les pase el coraje. No rogarles.
Raúl regresa con una flor. La entrega a Laura. Laura toma la flor. La observa unos instantes, con su mirada vaga, y la deja caer en el suelo.
RAÚL: Ya olvídalo, Laurita. Vamos a hablar de otra cosa: de nuestros planes.... Nos casamos, órale, como tú querías y hacemos una boda grandotota, con todos los cuates, tu familia, las amigas, todos los que quieras invitar. Le pido prestada su casa a mi tía Lucha y armamos un reventón a lo grande. Que todo el mundo sepa que lo nuestro es para siempre.... Ya verás que esta chamba nos va a sacar de la crisis. Me va a ir muy bien, estoy seguro; don Ezequiel me tiene buena voluntad.... Y si eso no alcanza le digo al licenciado Venegas que me pase algunas cuentas de sus clientes; me pongo al día en la cosa fiscal y le meto muy duro.... Vamos a tener un depa decente y un carro como Dios manda. Y luego planeamos un hijo. Yo estoy dispuesto a salir adelante, Laurita, como el Carlos, y quiero que se te haga el gusto de tener un hijo. Me voy a dejar de miedos y de pendejadas. Me voy a comprometer en serio para que a ti y a mi hijo no les falte nada, te lo juro.... Ya quiero tener un hijo, Laura, un hijo contigo, tuyo, de los dos.... Hazme caso, Laurita, no te pongas así.... Laurita....

Laura sigue sin reaccionar.

MIGUEL: (*Desde el sillón.*) De veras, Raúl. Hay que dejarlas que se les pase el coraje.

RAÚL: (*A Laura.*) Ahorita vengo. Voy por cigarros.

Raúl se levanta, cruza el cuarto sin prestar atención a Miguel. Desaparece por la puerta exterior, luego de cerciorarse que Laura continúa en la misma actitud. Silencio. Miguel juega con el pasamontañas. Se lo enchufa en la cabeza. Se levanta del sillón y va hacia Laura. Se encuclilla frente a ella como lo hizo Raúl.

MIGUEL: (*Pícaro.*) Todos somos Marcos, Laurita.... ¿No quieres coger con Marcos?, órale.

Laura no reacciona. Miguel se levanta. Sonríe ruidosamente para sí mismo y se quita el pasamontañas.

MIGUEL: Tú te lo pierdes.

Miguel deja el pasamontañas en la mesa y pasea por el cuarto. Entra y sale, luego de un momento, por la puerta interior. Habla mientras camina. Sus parlamentos y sus actitudes (ahora, mientras se encuentra a solas con Laura) representan sus fantasías durante su conversación con Raúl.

MIGUEL: Raúl nunca te va a cumplir nada, Laura, ni como marido ni como chambeador. A él le gustan todas, no se compromete con ninguna, jamás. Yo lo sé desde que andaba tras tus nalguitas, imagínate, lo conozco muy bien.... Y que no te haga promesas; es un güevón. En la universidad era el peor de todos; ya ves, ni siquiera terminó la carrera.... Además, para como tú piensas, es un reaccionario de mierda. Nunca, pero nunca, va a entender tus preocupaciones sociales. (*Pausa.*) Oye, Laurita.... ¿y de veras es tan bueno en la cama como dice? Pa mí que es puro cuento.... Una vez, un día que nos fuimos a tomar unos alcoholes después del fut, él me contó.... *Miguel se interrumpe. Raúl está regresando con una cajetilla en las manos. Va directo a la cama ignorando a su amigo. Ofrece un cigarrillo a Laura que no ha dejado su posición y su actitud, aunque de cuando en cuando tiene ligeras reacciones, como sorber con la nariz, rascarse una mejilla, morderse la falange del índice como para contener un sollozo.*

RAÚL: (*Ofreciéndole el cigarrillo.*) De los tuyos.

Laura no reacciona y Raúl va hacia Miguel que está nuevamente en el sillón.

RAÚL: Se quedó así por horas. Cuando menos media hora, si no es que más.

MIGUEL: Es que esa táctica es pésima, Raúl, pésima. Entre más quiere uno arreglar las cosas, más se complican y luego ya no puedes salir del atorón.

Dale y dale a lo pendejo, hasta que te pones a decir cosas que después no cumples, o que te arrepientes.
Silencio. Raúl se pasea nervioso, pensativo, fumando.
MIGUEL: Bueno, pero qué pasó después; sígueme contando.
Raúl va a responder en el momento en que Laura reacciona, desde la cama donde permanece sentada.
LAURA: ¿Qué piensas del ejército zapatista, Raúl?
Raúl se vuelve, sorprendido. Camina hacia Laura.
RAÚL: ¿Ya no estás enojada?
LAURA: Si de veras quieres hablar, vamos hablando en serio.
RAÚL: Ya no estás enojada.
LAURA: Vamos hablando en serio.
RAÚL: De qué cosa, ¿de política?.... Ya estoy hasta la madre de discutir cosas que no me importan.
LAURA: A mí sí me importan.
RAÚL: No creo.
LAURA: Quiero saber realmente lo que piensas.
RAÚL: ¿De Marcos?
LAURA: De Marcos, de Chiapas, de todo.... Lo que tú piensas realmente, Raúl, sin demagogias.
RAÚL: Desde hace mucho sabes muy bien lo que pienso.
LAURA: No, no lo sé. Ayer, en mi fiesta, te oía hablar puras tonterías. Me daba la impresión de que estaba oyendo a un taxista, o a la esposa del borrachín de aquí junto.... Me la encuentro en las escaleras, al llegar, y me suelta una retahíla que dan ganas de matarla. Lo que oye en la tele, claro. Zabludovski es su gurú.
RAÚL: Ayer yo estaba pedo. Todo lo que hablamos eran babosadas.
LAURA: Pero ahora ya no estás pedo y quiero saber.
RAÚL: Ay, Laura, por favor...
LAURA: ¿Qué piensas a fondo, políticamente hablando?.... Tú te burlas de que voy a la manifestación y regreso con el pasamontañas, pero no te das cuenta de lo que se me mueve a mí por dentro con estas cosas.... No me preguntas nada. No te tomas la molestia de averiguar qué tan preocupada y qué tan comprometida estoy con lo que sucede en mi país.
RAÚL: (*Sonríe.*) Laura....
LAURA: No te rías, Raúl.... Esto es en serio. Quiero que hablemos muy en serio.
RAÚL: ¿De los zapatistas?
LAURA: Sí, de los zapatistas.

RAÚL: Yo sólo veo que te dejas llevar por el entusiasmo como una chamaquita de prepa, y hasta te compras una máscara y traes un cartel a la casa.
LAURA: Pero no sabes lo que me da vueltas dentro de la cabeza.
RAÚL: Dímelo, a ver.
LAURA: No, habla tú. Yo fui la que pregunté.
RAÚL: (*Después de pausa.*) Okey.... ¿Qué pienso de Chiapas?
LAURA: Sí.
Raúl respira hondo. Pasea un rato.
MIGUEL: (*Desde su sitio, irónico.*) Examen de ciencias políticas, Raulín.
Raúl regresa con Laura.
RAÚL: Sencillamente pienso que Marcos está mal. Tal vez los indígenas no, pero Marcos sí.... Los indígenas tienen preocupaciones muy precisas: el hambre, las enfermedades, la marginación. Han vivido quinientos años así, como ellos mismos dicen. Y están encabronados con toda razón. Y exigen cosas concretas, urgentes: que les den su cacho de tierra, que reconozcan sus comunidades, que les pongan hospitales, escuelas, caminos.... Esa es su lucha, legítima.... Y tú sabes que el gobierno estaba dispuesto a darles todo eso.
LAURA: El gobierno les respondió con pura demagogia. Ahí están los periódicos.
RAÚL: No, Camacho les iba a cumplir.
LAURA: Qué ingenuidad, Raúl.
RAÚL: Marcos fue el que se interpuso. Lo paró en seco, lo mandó a la goma.... Marcos quería otra cosa, lo ha dicho siempre: que cayera Salinas, que se fuera a la mierda la constitución. Quería poner patas parriba al país.
LAURA: Eso queremos todos.
RAÚL: Eso no lo quiere nadie, mi vida; eso es terrorismo verbal.
LAURA: Eso es la revolución.
RAÚL: Ay, Laura, por favor. A quien le conviene ahora la revolución. Mira cómo se nos vino a fregadazos esta crisis cabrona apenas se perdió un poquito la confianza. Mira lo que pasó con Nicaragua, con la misma Cuba, Laurita. El mito de la revolución armada ya pasó a la historia; es puro socialismo trasnochado, ganas de que el país se vaya a la mierda como se está yendo, carajo.... Y luego el chantaje de las armas.
LAURA: Cuál chantaje.
RAÚL: El de Marcos. Que si no me cumplen todo todo todo, no entrego las armas. Que hasta que no se vaya el último soldado de mi territorio; que hasta que no hagan lo que yo les diga...
LAURA: Pues claro que sí, no es tonto. A poco se va a entregar como en Chinameca.

RAÚL: Ni siquiera sabemos con qué dinero las compran. No me digas que nadie los está financiando por debajo del agua.... Hasta puede ser gente del mismo gobierno, o de los narcos, vete tú a saber.
LAURA: Si tú hubieras vivido el sesentaiocho, serías como esos que pensaban....
RAÚL: Tú tampoco lo viviste, Laura.
LAURA: Pero sé lo que pasó. He leído mucho sobre eso.
RAÚL: *La noche de Tlatelolco*, y párale de contar.... Además, esto no tiene nada que ver con el sesentaiocho.
LAURA: Es lo mismo, igualito. Tu actitud es la misma actitud de los que aplaudían al Tibio Muñoz después de la matanza del dos de octubre... Los que no quieren que nada se mueva porque tienen miedo de perder su chambita, su bochito, su tranquilidad.
RAÚL: Yo no soy de esos, no me friegues.
LAURA: La división es siempre la misma: los que se preocupan y se comprometen con los jodidos, y los que no.
RAÚL: Los estudiantes del sesentaiocho no se preocupaban por los jodidos.
LAURA: Pero ahora sí, y estamos con ellos.
RAÚL: *Estamos* es mucha gente. Estarás tú.
LAURA: Yo y todos los que fuimos al Zócalo.
RAÚL: Puros montoneros. El mitote, la fiesta, el relajo.... Ya los quisiera ver a la hora en que se desaten los madrazos. Cuántos de esos van a salir a la calle a partirse la madre, cuántos se van a ir a la selva con Marcos....
LAURA: Más de los que te imaginas.
RAÚL: ¿Y para qué?, ¿para que los masacre el ejército?
LAURA: Para dar un testimonio.
RAÚL: Cuál testimonio, Laura, eso sí que es demagogia.... Querías que habláramos en serio; a fondo, dijiste, y mira con lo que sales.
LAURA: ¿Te parece demagogia ofrecer la vida por una causa?
RAÚL: Es una pendejada.
LAURA: ¿Es una pendejada la vida?, ¿jugarse la vida?
RAÚL: Aterriza, Laura, por favor.
LAURA: No, no quiero aterrizar. Por primera vez he visto lo que hace un hombre para ser fiel a sus ideas, a su compromiso con los demás, y eso me ha cambiado por completo, Raúl.... Un chavo como nosotros que lo deja todo, su chamba, su depa, su bochito, y se larga a la selva a vivir y a trabajar y a luchar con los indígenas.
RAÚL: El tal Rafael Guillén.
LAURA: Rafael Guillén no me importa. Me importa Marcos.

RAÚL: Es lo mismo, carajo.

LAURA: Qué va a ser lo mismo, no seas tonto. Marcos es lo más limpio y lo más noble que tenemos ahora en este país. Lo que nos hace pensar en los ideales, y en los valores. Lo que nos abre los ojos de este tamaño. Lo que nos hace creer otra vez en la justicia, en la libertad, en el derecho a tener voz y a existir, Raúl, a existir.

RAÚL: Esa es pura ilusión jalada de los pelos.

LAURA: Y de qué sirve vivir si no se vive con ilusiones, caramba.

RAÚL: Una cosa son los ideales y otra cosa es la realidad, Laura, aterriza, pero ya.... Se oye muy bonito eso de ofrecer la vida por una causa, pero las cosas no son así. Velas de frente, a lo pelón. Vete a ti y a mí que no sabemos una chingada de política, y que no tenemos la más pinche idea de lo que hay detrás de ese Marcos.

LAURA: Otra vez.

RAÚL: Qué sabemos de la manipulación, de los intereses sucios, de tantas cosas que ni siquiera imaginamos detrás de todo esto... El narco, la ETA, los planes para desestabilizar al país.

LAURA: Hablas igualito que el gobierno. Eso dicen los del PRI.

RAÚL: A lo mejor tienen razón. Tú qué sabes.

LAURA: Tampoco tú.

RAÚL: Lo único que sé es que estamos aquí, ahora, tú y yo... Y que tenemos una vida por delante.

LAURA: Esa vida no me interesa.

RAÚL: Es la realidad, coño.

LAURA: Una realidad sin fe no me interesa.

RAÚL: Fe en Marcos, claro.

LAURA: En un hombre que está dispuesto a morir por lo que piensa, ya te lo dije.

RAÚL: Quiere la guerra, no se te olvide, no es Jesucristo. Se levantó en armas.

LAURA: Quiere arrancar la injusticia desde la raíz.... Sólo desde la raíz se puede cambiar a México, Raúl: ... al mundo entero.

RAÚL: Ah, ahora vamos a discutir sobre el mundo entero.... ¡Puta madre!

Largo silencio.

RAÚL: Ya te volviste a enojar.

LAURA: No estoy enojada, estoy bien.... Ya sé por fin lo que quería saber.

RAÚL: Siempre has sabido lo que pienso.

LAURA: No, ya no vamos a discutir. Es suficiente.

RAÚL: Pero ahora lo entiendo mejor.

Laura toma un suéter que está colgado de un perchero y se dirige a la puerta exterior.
RAÚL: ¿Dónde vas?
LAURA: Me voy, simplemente.
RAÚL: ¿Adónde?
Laura llega hasta la puerta exterior. Se vuelve.
LAURA: No es que no te quiera, Raúl, es que no me interesas.... Nada más eso. Ya no me interesa un tipo que piensa como tú. Y eso es peor que la falta de amor.
RAÚL: Laura, ven acá. No digas pendejadas.
Laura hace un vago ademán y sale de la casa. Desaparece. Raúl corre hasta la puerta. Grita hacia las escaleras exteriores:
RAÚL: ¡Laura!
Raúl se queda inmóvil unos instantes. Regresa cabizbajo mientras la luz crece hasta plantear el resplandor matinal.
MIGUEL: (*Desde el sillón.*) Y se fue.
RAÚL: Sí, se fue. (*Pausa.*) Pensé que volvería después, cuando le pasara el coraje, cuando se arrepintiera... pero no. Se largó definitivamente.
MIGUEL: ¿Adónde?
RAÚL: Su hermana vino luego por sus cosas. Yo traté de hablar con ella y la busqué durante un chingo de tiempo, pero no... nada.
MIGUEL: ¿Está en casa de sus padres?
RAÚL: Hace unas semanas, la China me dijo/
MIGUEL: ¿Quién es la China?
RAÚL: María Luisa, su hermana. Me dijo que Laura se había ido a Chiapas.
MIGUEL: ¿De veras?.... No me chingues, Raúl. Qué tipa más loca. ¿Se fue a uno de esos campamentos de la Conai?, ¿de esos que hablan en el/
RAÚL: No tengo idea.... Tampoco la China sabe, ni sus padres.
MIGUEL: No me digas que se fue a la selva, de zapatista.... ¿Será capaz? ¿Tú qué piensas?
RAÚL: Ya no pienso.... Se acabó.
Miguel se levanta como disponiéndose a marchar.
MIGUEL: Puta, Raúl, pues qué chinga. Nunca imaginé que habían tronado por una discusión tan absurda, carajo. No conozco a nadie que haya roto así con su chava. Todos rompen por celos, por dinero, por las pinches infidelidades.... Lo tuyo es para el Guinness.
RAÚL: Pues ya ves.
MIGUEL: ¿Y cómo te sientes? ¿Estás ardido, encabronado?....

RAÚL: Ya se me pasó.
MIGUEL: Pues no parece.
RAÚL: Se me está pasando.
MIGUEL: Más te vale, cabrón. Porque con una vieja así no ibas a ir a ninguna parte.... Yo pienso que más que conciencia política y esas chingaderas, Laura estaba enculada por Marcos, como tantas.... Y se piró de la cabeza.
RAÚL: (*En brusca transición.*) Bueno, qué. ¿Te interesa el departamento?
Miguel avanza hacia la puerta mientras le echa una mirada al lugar.
MIGUEL: Habría que pagar seiscientos, ¿no? Seiscientos al mes.
RAÚL: Primero hay que hablar con la casera. A lo mejor le sube a ochocientos, o a mil.
MIGUEL: Uy no, eso ya no me alcanza.
RAÚL: Calcula ochocientos, de perdida.
MIGUEL: Bueno, déjame ver si me resuelven de esa chamba que te digo y yo te aviso.
RAÚL: Pero avísame pronto porque me voy a Tepic.
MIGUEL: Mañana mismo te echo un fon, y ver qué te dice tu casera. ¿Te hablo a tu oficina?
RAÚL: Sí, a la oficina
MIGUEL: Bueno pues.... Gracias por la confidencia, y por la lata. Que te sea leve.
RAÚL: Gracias, Mike.
MIGUEL: Ánimo, Raúl, mucho ánimo.
Raúl asiente y Miguel sale de la casa. Raúl se queda solo, pensativo. Está junto a la mesa. Toma el pasamontañas y lo examina durante unos instantes. Luego, en un arranque de rabia, lo arroja hacia el público mientras exclama:
RAÚL: ¡Pinche Marcos!

Oscuro final.

Víctor Hugo Rascón Banda, retratista de mujeres extraordinarias

Rascón Banda es uno de los autores teatrales más representativos de la dramaturgia mexicana de la segunda mitad del siglo veinte y la primera década del veintiuno. Nacido en Uruáchic, pequeño pueblo minero de la sierra de Chihuahua, en las estribaciones más occidentales de las Barrancas del Cobre, Víctor Hugo Rascón Banda (1948-2008) desde muy pequeño tuvo la aspiración de convertirse en académico, es decir, una de esas personas que consagran su vida al cuidado, pulido, limpieza y esplendor de las palabras, deseo que se hizo realidad cuando un mes y medio antes de su fallecimiento, ingresó en la Academia Mexicana de la Lengua.

Su padre hubiera querido que siguiera la tradición familiar involucrándose en la azarosa actividad minera, ya entonces en franca decadencia, pero él, causando cierta decepción a don Epigmenio Rascón, decidió muy temprano, entre los diez y once años, ir a probar fortuna a Chihuahua y Juárez, ciudades en donde realizó estudios y práctica profesional como maestro normalista rural, para luego establecerse en forma definitiva en la capital del país, si bien frecuentemente regresaba al Norte para, según declaraba, rehacerse, recuperar sentido y orientación, reactivar su identidad.

La Universidad Nacional Autónoma de México (UNAM) le proporcionó los elementos jurídicos en grado de doctor, con los cuales construyó una sólida trayectoria como abogado bancario; por dos periodos consecutivos presidente y defensor de los derechos de los autores en la Sociedad General Escritores de México (SOGEM); miembro del Consejo Consultivo del Instituto Mexicano del Seguro Social y del Instituto Nacional de Bellas Artes; Presidente de la Federación de Sociedades Autorales y Vicepresidente de la Confederación Internacional de Sociedades de Autores y Compositores.

El germen de la aplicación equitativa de la ley y la justicia lo había recibido Víctor Hugo durante su primera infancia, viviendo en una casa que al mismo tiempo era juzgado, escuchando las confidencias de los delincuentes, quienes conversaban entre sí o con los parientes que los acompañaban, mientras esperaban la sentencia de su abuelo, primero, y cuando éste se retiró, de su padre, quien heredó el cargo de juez, siendo auxiliado puntualmente por doña Rafaela Banda, su madre, una de esas mujeres fuertes, sin complejos de género, que por fortuna abundan en el norte de México y que constituyó un permanente ejemplo y estímulo para el hijo cuyo porvenir estaba cifrado: sería abogado y dramaturgo de forma indisoluble.

Desde que estaba en la facultad de Derecho, a manera de complemento a sus estudios y entrenamiento para el foro, Víctor Hugo tuvo su bautismo como dramaturgo en ciernes. Entonces escribió, actuó y dirigió tres obras: *Nolens volens* (1974), acerca de la teoría general del proceso; *Fuentes del Derecho* (1975), sobre el origen de las leyes; y *De lo que aconteció a Litigenio y a su esposa Prudenciana con Fraudonio* (1976), dramatización de casos del Digesto, puestas en escena que luego de mostrar su efectividad en el claustro universitario, salieron a dar funciones en algunas facultades del país. Esa experiencia como autor dramático ratificó la marca que, acepta Víctor Hugo, doña Rafaela había impreso en el destino de su hijo al llamarlo como el célebre escritor francés.

Por su desempeño en la tarea teatral, el autor chihuahuense ha obtenido diversos premios nacionales e internacionales: Ramón López Velarde 1979, Teatro Nuestra América 1981, Juan Ruiz de Alarcón 1993, Rodolfo Usigli 1993, y la Medalla Xavier Villaurrutia 2006, que otorgan la comunidad artística del país, el Instituto Nacional de Bellas Artes y el Consejo Nacional para la Cultura y las Artes. Uno de los premios más importantes para la dramaturgia nacional emergente lleva su nombre desde que fue creado en 2004 por el gobierno estatal y la Universidad Autónoma de Nuevo León. El 27 de marzo de 2006 le correspondió el honor de dirigir desde París el mensaje por el Día Mundial del Teatro.

Su obra narrativa está concentrada en cuatro libros: *De cuerpo entero* (1990), suerte de autobiografía dialogada; *Volver a Santa Rosa* (1996), cuentos autobiográficos; *¿Por qué a mí? diario de un condenado* (2006), una cruda, ácida, irreverente crónica del padecimiento, leucemia linfocítica crónica, que acabaría con su vida; y *Contrabando* (2009), una cruenta crónica de la violencia y el narcotráfico en Uruáchic, con la que recibió el Premio Juan Rulfo de novela 1992, publicada en forma póstuma. Y tiene en su haber varios guiones cinematográficos: *Días difíciles, Morir en el Golfo, Playa azul, Jóvenes delincuentes, La muerte del Padre Pro* y *Rosa de California*.

Su primera pieza estrenada profesionalmente, *Los ilegales* (1979), trata la problemática multifocal de los indocumentados que emigran a la Unión Americana. *Voces en el umbral* (1984) tiene como eje el romance prohibido entre dos clases sociales, la hija del alemán dueño de la mina y su empleado, un joven ingeniero de escasos recursos. Ambas obras, sumadas al enorme éxito alcanzado por *Armas blancas* (1982), tres pasajes violentos sintetizados en un objeto punzocortante que ocurren, *El abrecartas* en una oficina, *La navaja* en el seno familiar, y *La daga* en una carnicería, constituyen el arribo y casi simultáneo encumbramiento de este autor en el panorama teatral mexicano.

Medio centenar de piezas conforman una producción dramática que si bien es temáticamente multifocal, el autor la reconoce conformada por tres asuntos medulares: mujeres, intolerancias y del Norte. Difícilmente podemos encontrar una obra suya en que no se registre por lo menos uno de estos enfoques. Por ello, y ante la imposibilidad de reseñar toda la producción teatral rasconbandiana, me centraré en las que se ocupan preferentemente en hablar de mujeres, a quienes Víctor Hugo retrata extraordinariamente, quizás porque está acostumbrado desde niño, espía a veces, interlocutor otras, a escucharlas con atención, empezando por su madre, especie de Scherezada norteña, narradora inagotable.

Contrabando (1991) ocurre en el interior de la oficina municipal de radioteléfono, centro neurálgico del pueblo al que recurren tres mujeres vestidas de luto, Conrada, Damiana y Jacinta, ávidas de enviar y recibir noticias del exterior; su estructura a base de monólogos nos coloca en el origen de lo que años después será *Sazón de mujer* (2003), donde María Müller, mujer menonita, Consuelo Armenta, mujer de la sierra de Chihuahua y Amanda Campos, mujer vestida de tarahumara, cuentan cómo su vida se ve confrontada e incluso puesta en crisis por las inevitables transformaciones de un entorno cada vez más heterogéneo y a la vez más hostil. Algo similar ocurre en *Table dance* (2008), tres mujeres, *strippers* o desnudistas, Jacqueline, Charityn y Ludmila, situadas en el centro de la multiculturalidad, exhiben el deterioro de una identidad que se va tornando más y más confusa, de la cual sólo una intervención providencial podría salvarlas.

El espectro femenino se multiplica. La tragedia de Clipperton se cierne sobre un grupo de mujeres abandonadas en *La isla de la pasión* (2000). La bóveda de una sucursal bancaria, cerrada durante un asalto, es testigo del ajuste de cuentas de cuatro empleadas y una clienta. En *Mujeres que beben vodka*, la filmación de una película reúne a varias judías residentes en México en un ejercicio de la memoria y el exilio. Cantar y jugar cartas es el marco en el que se juntan cuatro divas mexicanas en *Póker de reinas* (1995). Una multitud de feminicidios gravita en *Hotel Juárez* (2004). Son dos las hermanas víctimas de un secuestro en *Cautivas* (2005), y dos las separadas por el conjuro de un brujo de Catemaco en *Veracruz, Veracruz* (1995). Hay algunas de estas mujeres que son tratadas en su relación de pareja como en *El deseo* (2007), una estadounidense de 55 años, maestra de literatura, se obsesiona por un joven colombiano indocumentado, y *Manos arriba* (1984), una esposa en triángulo con su huésped norteño.

Finalmente, las que se ocupan de protagonistas emblemáticas, señeras, míticas: *La Malinche* (1998), polisemia del personaje histórico en el presente; *Tina Modotti* (1983), fotógrafa italiana que se revela militante comunista en México; *La fiera del Ajusco* (1985), madre acusada de asesinar a sus hijos; *Alucinada* (1992), vida, pasión y muerte inexplicable de la poeta Concha Urquiza; *La maestra Teresa* (1981), profesora de español que cree ser Santa Teresa de Jesús; *Ahora y en la hora* (2003), el hospital es fuente de tragedias para una enferma terminal, alter ego del autor, quien a raíz de esta experiencia da un nuevo impulso a su escritura dramática.

La mujer que cayó del cielo (1999) invoca esa Babel actual en donde el cruce de lenguajes incomunica, confunde y tergiversa. Basada en un patético acontecimiento real, una mujer tarahumara de cincuenta años, tras haber permanecido durante más de una década recluida en un manicomio de Kansas, sin que nadie supiera quién era, ni de dónde venía, ni qué lengua hablaba, es seleccionada por medio de un sorteo para ser liberada y recibir asistencia social y protección legal.

Tal vez sea cierto que "Los sentimientos no necesitan traducción," según dice Giner, el personaje a quien el autor encomienda el relato de estos hechos, sin embargo, no podemos despreciar el carácter mediador de la palabra que invariablemente acompaña el proceso de expresión-recepción de sentimientos. Inglés, español y, sobre todo, tarahumara, constituyen el trenzado lingüístico que, como una torre de Babel absolutamente vigente, desmantela a su paso toda comprensión tradicional; abriendo el camino, en cambio, a la interpretación individual de los lectores o espectadores. En este sentido, las lecciones de inglés que le endilgan los médicos a Rita se convierten en traducciones del alma, que rebasan el portal de la palabra y nos descubren una sonrisa que nos seduce y al mismo tiempo se burla de nosotros.

No sólo nos inquieta pensar cómo llegó hasta Kansas este raro espécimen, no nos importa saber si viajó en la cajuela de un automóvil, si vino andando o si en verdad cayó del cielo como afirma, sino que nos preguntamos ¿cómo han logrado sobrevivir alrededor del mundo, las etnias milenarias, cuando desde tiempo inmemorial conspiran en su contra el plan canónico de la civilización occidental, el fundamentalismo, la persecución y la intolerancia?

Rita es inasible, única y múltiple a la vez; Rita Carrillo, Rita Quintero, Rita López, Rita Patiño. En sentido estricto, ella proviene del cielo porque los rarámuri, pueblo indio al cual ella pertenece, sostienen el mundo, son las columnas que están en las orillas del mundo para que no se caiga el cielo; ella habla con Dios porque sueña, porque puede separar el alma del cuerpo y hacer que suba de la tierra al cielo para recibir fuerza; ella no es asesina, ella no mató al marido, mató al coyote que quería quitarle sus chivas.

Conviene recordar que para los rarámuri, la noción de justicia equivale a reconciliación con la comunidad, y que los términos *justicia* y *castigo* que usan en castellano, se aplican en un juicio mestizo cuando, como en el caso de Rita, el supuesto infractor no acepta culpabilidad en el seno de su comunidad.

En algo tienen razón los doctores: Rita es una *borderline* de la globalización; su situación es irreversible; no puede regresar con los suyos a Porochi, los rarámuri la repudiarían; su presencia en México la conduciría de nuevo a la cárcel de Chihuahua; es una extranjera en su propio país; tampoco puede quedarse en la Unión Americana porque no habla inglés, porque no es chicana, porque no tiene papeles, porque volverían a encerrarla en el manicomio. Ahí, parada en la frontera, mirando las dos banderas vecinas, viendo transcurrir las procelosas aguas del Río Bravo, Rita se encuentra suspendida en una línea virtual, en el borde de un abismo cultural donde las minorías étnicas se enfrentan a la inercia canónica occidental, al desarraigo y la asimetría.

En síntesis, por la pluralidad racial que rescata, por la diversidad cultural que redime, por la reivindicación que hace de la diferencia, por el perentorio llamado a la aceptación del Otro con el que encara a lectores y espectadores, *La mujer que cayó del cielo* marca un punto culminante en la producción de Víctor Hugo Rascón Banda, una atalaya desde la cual revisar minuciosamente la mayor parte de los textos de su vasta contribución a la dramaturgia universal.

Enrique Mijares
Universidad Juárez de Durango

La mujer que cayó del cielo. Foto de José Luis Domínguez. Archivo CITRU/INBA

La mujer que cayó del cielo

Víctor Hugo Rascón Banda

Personajes

> Rita
> Giner
> Doctor I
> Doctor II
> Policía I
> Policía II

La mujer que cayó del cielo se estrenó en el Museo del Carmen en México el 28 de mayo de 1999 con el siguiente reparto:

Rita	Luisa Huertas
Policía/médico/enfermero	Silvestre Ugalde
Policía/médico/enfermero	Luis Rodríguez
Giner	Roberto Soto
Escenografía e iluminación	Arturo Nava
Realizador	Alberto Orozco
Pintura escénica	Alberto Orozco y Sergio Mandujano
Asistente de escenografía	Erika Jasso
Vestuario	Sonia Páramos
Confección de vestuario	América Falcón
Música	Héctor Barbone
Fotografía	María Christina Ribal
Producción ejecutiva	Héctor Quintanar
Asistente de producción y dirección	Iván Bert
Dirección	Bruno Bert
Personal técnico	Carlos Torres, Felipe Suárez, Fermín Torres, Ambrosio Melquiades, Héctor López, Jesús Mendoza, Víctor Manuel Mendoza, Gilberto Ortega
Coordinación técnica	Roberto González
Coordinación de foro	Silvia Vargas
Producción	UNAM, UAM, FONCA

Índice de escenas

- I. Dimensión desconocida.
- II. Canción de Rita (1).
- III. Cuando las palabras son ruido nada más.
- IV. Las cosas pasan por casualidad.
- V. Las dos Ritas.
- VI. Canción de Rita (2).
- VII. Los psicotrópicos.
- VIII. Rita por fuera.
- IX. La Tierra es como una tortilla.
- X. Today is Monday.
- XI. Ser extranjero.
- XII. Yo soy Dios.
- XIII. Canción de Rita (3).
- XIV. Rita por dentro.
- XV. Si no hubiera sol.
- XVI. Tengo seis mil hijos.
- XVII. Canción de Rita (4).
- XVIII. Soy Dios y soy el Diablo.
- XIX. Los adelantos de Rita.
- XX. Lo que son los sueños.
- XXI. Los diagnósticos.
- XXII. Taramara.
- XXIII. Larga distancia.
- XXIV. Canción de Rita (5).
- XXV. Y yo, ¿qué hago aquí?
- XXVI. La visita.
- XXVII. No te entiendo, Rita.
- XXVIII. Hacia el sur.
- XXIX. Conversación por teléfono celular
- XXX. Yo no maté marido.
- XXXI. Los doctores se defienden.
- XXXII. La causa de la enfermedad.
- XXXIII. La demanda.
- XXXIV. Los pleitos por Rita.
- XXXV. Canción de Rita (6).
- XXXVI. La evidencia.
- XXXVII. Una nueva vida te espera, Rita.
- XXXVIII. Navidad en Chihuahua.

I. Dimensión desconocida

Oscuro total. Se escucha en idioma inglés el sonido de un radio que alguien sintoniza. Hay un anuncio de Coca-Cola, seguido de un fragmento de la canción "Imagination" de Laura Branigan. Se escuchan las voces alternas de un hombre y una mujer que leen noticias.

– Fernando Valenzuela will be pitching today in the game against the Bravos.
– A Bulgarian spy is caught in the United States with nuclear secrets.
– In New York five hundred bankers steal 8,432 million dollars from the Mexican debt. Only interest will be paid.
– Christopher Reeve declines filming the fourth Superman movie.

Se escucha un fragmento de la canción "Lady Lady" de Joe Espósito, seguida de un comercial de la Ford. Vuelven los locutores con sus noticias: la luz se hace poco a poco y observamos la silueta de una mujer tarahumara que sintoniza el radio. Es Rita.

– The spacecraft Columbia successfully took off. The astronauts speak live from outer space.
– Necessary to sing in different languages, says RCA Victor.
– The rebel offensive grows in El Salvador. The United States Army backs up the Salvadorean Army.
– French actress Brigitte Bardot criticizes Tahitians for eating dog meat.
– Looting in Brazil's stores. The ghost of famine runs through the country.

Entra un comercial de computadoras IBM y la canción "Romeo" de Donna Summer. La luz sigue aumentando. Hay niebla. Se distinguen al fondo dos siluetas amenazadoras que poco a poco se aclaran. Son dos hombres con aspecto de celadores o enfermeros de un manicomio que se acercan lentamente a la mujer. Siguen las noticias.

– In Vienna, Pope John Paul II asks people to pray for the victims of violence, hate and famine in Latin America.
– The United States rearmament is due to equal the power of the USSR, says Ronald Reagan.
– The Third World's poverty makes the United States commerce go berserk.
– Pete Wilson assures that the flow of immigrants will be reduced due to the new Simpson Law. Riots in Los Angeles. Opposition to this Law.
– Mexicans living abroad do not feel less than the natives, says Ivan Sisniega, after winning the United States Pentathlon National Championship.

Hay una atmósfera de irrealidad por la niebla y la luz. Los dos hombres se acercan a la mujer y le arrebatan el radio, apagándolo. Los hombres observan fijamente a la mujer, mientras caminan a su derredor. Vemos mejor a la mujer. Viste un atuendo tarahumara blanco, con varias faldas encima una de otra y una collera en el cabello. Los hombres se retiran y desaparecen en la niebla. La mujer canta una canción tarahumara, mientras se mece acompasadamente.

II. Canción de Rita (1)

Muní sehuá, muní sehuá
sehuala co, sehuala cho,
tosana to, tosana le,
sahuato, sahua la na ba.
Sohueli, sohueli,
sehuala co,
sehuala cho, sehuala cho
tojó, sanó, gahuimoba,
tojó, sanó.

> *Rita repite la canción tarahumara. Entre la niebla aparece Giner que observa a Rita.*

III. Cuando las palabras son ruido nada más

> *Dos policías conversan, mientras juegan cartas y beben cervezas Coors, cerca de una reja. Adentro se encuentra Rita, vestida de tarahumara, quieta, fuerte y sana, como fiera al acecho. Giner observa a distancia.*

POLICÍA II: It was in Ulysses.
POLICÍA I: I thought it was in Kansas City.
POLICÍA II: Several neighbors called the police.
POLICÍA I: They always call the police, for everything.
POLICÍA II: A strange woman was crossing the gardens that belong to others.
POLICÍA I: Where was she arrested?
POLICÍA II: At Maine and Springfield.
POLICÍA I: Drunk?
POLICÍA II: No.
POLICÍA I: Doped?
POLICÍA II: The physician didn't find anything. But, who knows?
POLICÍA I: What did you observe?
POLICÍA II: She was kind of strange.
POLICÍA I: Strange?
POLICÍA II: Kind of lost.
POLICÍA I: Doped people are always like that.
POLICÍA II: She was like absent.
POLICÍA I: They're all the same.

Policía II: When we got there, her head was in a trash can. She's crazy.
Policía I: She was going through the garbage can looking for something.
Policía II: She attacked us when we tried to arrest her, defending herself with teeth and nails, like a wild animal. Look at her clothes.
Policía I: They look like a hippie's.
Policía II: She's got lots of skirts, one on top of the other. We thought she was an Apache, but no....
Policía I: Look at her face.
Policía II: She's frightened.
Policía I: She has oriental features.
Policía II: She's not Chinese.
Policía I: Could she be from Vietnam?
Policía II: They brought somebody from Vietnam and they couldn't understand each other.
Policía I: In California there are Koreans all over the place. She must be Korean.
Policía II: Or Japanese.
Policía I: Turkish, maybe Eskimo! She's Eskimo. Do you remember the film with Anthony Quinn? She's Eskimo! (*La acción se congela. Giner se dirige al público.*)
Giner: ¿Alguno de ustedes entiende de qué hablan estos hombres? Probablemente sí, porque desde niños los mandaron a un colegio bilingüe, pero esta mujer no sabe lo que ellos están diciendo en esa lengua extraña. Escucha. Escucha sus palabras, pero las oye como el sonido de la lluvia y del viento, el claxon de los autos, el ruido de la ciudad. No sabe que están hablando de cómo la encontraron en la madrugada buscando comida en los botes de basura de una ciudad de Kansas. No sabe que para ellos es un *alien*, una extraña, *illegal alien*, una extraña ilegal, que quién sabe de dónde vino ni cómo. Pero esta mujer imagina que están hablando de ella, porque la miran al hablar. Por el tono de su voz, ella imagina que la desprecian, ella lo siente, ella lo sabe, aunque no entienda lo que dicen. Los sentimientos no necesitan traducción. (*Los policías se acercan a Rita y dan vueltas a su derredor, observándola. Ella se aferra a los barrotes y les grita.*)
Rita: ¿Chisiani patro nai? Tamirewe machinia. Nije keni biria olaa. Nije ko'aame aa_iyena chopi siminalini raramuri tuga. Weni buwelua. Ke te basiki tamiruga. ¿Piri tumu tami olanili? ¿Rikuli muchua? ¿Ketimuakeé? Tami anesi priritomo naki? ¿Chusia tomi iyera? Tami mu milisaga wenimi chaolama. We wani juni. ¡Chigorigacho natota mala! ¡Sitii chabochi! ¡Sitii! ¡Sitii....!

La mujer que cayó del cielo

Giner: Ellos tampoco saben lo que ella grita. Imaginan que está enojada porque la han encerrado a la fuerza, que quiere irse, que los está insultando. Pero no saben exactamente lo que ella está diciendo. Como ustedes tampoco. Para ellos, sus palabras son ruido, como el sonido del teléfono, como el maullido de un gato, como el ladrido de un perro. No saben que les está reclamando porque la encerraron. No saben que les está preguntando qué quieren de ella. No saben que les está gritando malditos, malditos, malditos.

Policía I: Any identification?

Policía II: None.

Policía I: What's her name?

Policía II: We don't know.

Policía I: Why didn't they force her to say her name?

Policía II: She doesn't speak English.

Policía I: Ah, no?

Policía II: No.

Policía I: Let's see if she doesn't want to. (*Los policías entran a la celda y se acercan a Rita.*) What's your name? (*Rita sólo los mira. Pausa.*) I'm talking to you. (*Pausa.*) What's your name? (*Pausa. Rita se aleja un poco.*) Answer me, stupid! (*Rita se aleja más. El policía se le acerca y le da dos bofetadas.*) Speak up, you bitch. What's your name? (*Rita se escurre y se acurruca en un rincón. El policía va hasta ella, la levanta bruscamente. Rita se defiende e intenta soltarse. Forcejean.*) What's your name, you animal! (*El policía II trata de separarlos.*)

Policía II: That's enough, leave her alone. (*El policía II toma a Rita de su blusa y la alza hasta su rostro.*)

Policía I: Answer me, bitch! (*Pausa.*) Are you deaf?

Policía II: Leave her alone. She is mentally retarded. (*Los policías salen de la celda. Rita se acurruca en un rincón.*)

Policía I: What are they gonna do with her?

Policía II: Tomorrow morning they're gonna take her to the Psychiatric Hospital in Larned.

IV. Las cosas pasan por casualidad

Giner: Las cosas pasan siempre por casualidad. Este es el hospital psiquiátrico de Larned, Kansas. Se encuentra a doscientas millas de Kansas City. En 1993 hubo un plan para sacar del hospital a cinco enfermos mentales que hubieran estado ahí por más de cinco años. Este es un programa de Kansas Advocacy and Protection Service. Se trata de liberar a los pacientes y darles asistencia social y protección legal. Hicieron una rifa y uno de los pacientes seleccionados resultó ser una extraña mujer de cincuenta años. Tori Mroz, una joven encargada de este programa, la visitó. Lo primero que notó al revisar el expediente, fue que después de diez años de reclusión no se sabía quién era esta mujer, ni de dónde venía, ni qué lengua hablaba. Oh my God, dijo Tori Mroz.

V. Las dos Ritas

Doctor I: What is your name?
Rita: ....
Doctor I: Do you speak English?
Rita: ....
Doctor II: (*Con acento americano.*) ¿Habla osté español?
Rita: No.
Doctor II: Sí habla español.
Rita: No.
Doctor I: Where are you from?
Rita: ....
Doctor II: ¿De dónde osté viene?
Rita: De arriba.
Doctor I: What did you say?
Rita: ....
Doctor II: ¿De dónde osté viene?
Rita: De arriba.
Doctor I: ¿Arriba? (*Al otro doctor.*) ¿Arriba?
Doctor II: Above. Up.... ¿Osté viene de arriba?
Rita: Sí.
Doctor I: Did you fall from the sky?
Rita: ....
Doctor II: ¿Osté caer del cielo?
Rita: Sí
Doctor I: Are you sure?
Rita: (*Afirma con la cabeza.*)
Doctor I: That's impossible. This woman is lying.
Doctor II: ¿De dónde viene osté?
Rita: De cielo.
Doctor II: ¿Del cielo?

Rita: Sí.
Doctor II: ¿Es osté mexicana?
Rita: No.
Doctor II: Are you chicana?
Rita: ....
Doctor II: ¿Es osté chicana?
Rita: No.
Doctor II: ¿Es osté apache?
Rita: No.
Doctor II: ¿Es osté Filipinas?
Rita: No.
Doctor II: ¿Es osté Corea?
Rita: No.
Doctor II: ¿Es osté Viet Nam?
Rita: No.
Doctor II: ¿De dónde es osté?
Rita: De allá arriba.
Doctor II: ¿Arriba? (*Al otro doctor.*) Do you remember the song?
Doctor I: What song?
Doctor II: "...Ay arriba, y arriba, yo no soy marinero por ti seré..." Do you know this song?
Doctor I: Yes, but I don't understand the song.
Doctor II: Arriba is above.
Doctor I: Are you sure?
Doctor II: Yes. This woman came from "arriba". She came from Canada.
Doctor I: Oh, yes. It's true.
Doctor II: (*A Rita.*) Did you come from Canada?
Rita: ....
Doctor II: ¿Osté venir de Canadá?
Rita: No. No. Canadá no. Arriba. De cielo. Sí.
Doctor I: Oh, my God.
Doctor II: ¿Cómo osté se llama?
Rita: Rita.
Doctor I: Rita?
Doctor II: ¿Cómo es tu apellido?
Rita: Rita Quintero.
Doctor I: Fine. Rita Quintero.
Rita: No. Rita Carrillo.

Doctor I: ¿Carrillo? You said Rita Quintero.
Rita: Rita Quintero.
Doctor II: ¿No osté llamar Rita Carrillo?
Rita: Rita Carrillo.
Doctor I: ¿Rita Carrillo or Rita Quintero?
Rita: Rita Quintero.
Doctor I: I don't understand.
Doctor II: Let me try. ¿Osté ser Rita Quintero?
Rita: Sí.
Doctor II: ¿Osté ser Rita Carrillo?
Rita: Sí.
Doctor II: Osté ser dos Ritas.
Rita: Sí.
Doctor II: ¿Dos Ritas?
Rita: Sí.
Doctor I: (*Al otro doctor.*) Do you see? Two personalities.
Doctor II: Right. This woman has two personalities.
Doctor I: This is a case of schizophrenia.
Doctor II: Yes, schizophrenia and mental retardation.

VI. Canción de Rita (2)

Me aguanto el frío de la noche
Y me río de la tierra helada.
A veces parece
que la oscuridad no termina
y que las fuerzas del mal
me van a ganar
siguiendo los pasos
del Chapeyó y del Monarco
me acerco y me retiro
de las tres cruces
que sirven de llaves
para abrirme el paso
de uno de los tres
pisos del cielo.

VII. Los psicotrópicos

Los doctores caminan alrededor de la jaula de Rita, con carpetas en las manos, consultándolas y tomando anotaciones.

Doctor II: Any other problem?
Doctor I: Her bizarre outfit.
Doctor II: Bizarre?
Doctor I: Her strange clothes. She insists on wearing several skirts, one on top of the other. And she does the same with her sweaters. *(Poco a poco se van oyendo voces en español.)*
Doctor II: Debe ponerse sólo un vestido y usar ropa apropiada para dormir.
Doctor I: Insiste en vestirse ella misma y en permanecer descalza y vestida de día y de noche.
Doctor II: Quítenle la ropa y que duerma como la gente normal.
Doctor I: Tiene problemas de desorientación respecto al tiempo. No puede precisar qué día es, en qué mes estamos ni el año en que vivimos.
Doctor II: Los fármacos pueden ayudarla a mejorar la orientación.
Doctor I: Sus pensamientos están desorganizados y sufre alucinaciones sistemáticas. Tiene delirios de grandeza. Se cree Dios.
Doctor II: Pobre mujer. Hay que administrarle medicamentos psicotrópicos.
Doctor I: Su psicosis es evidente y tiene memoria pobre.
Doctor II: Los medicamentos psicotrópicos ayudan a mejorar los procesos del pensamiento.
Doctor I: Tenemos problemas con su higiene.
Doctor II: Oblíguenla a bañarse diariamente y a cambiarse con ropa limpia, cada día. Y a cepillarse los dientes.
Doctor I: Los estados sociales deteriorados que muestra creo que son resultado de la ausencia de estimulación verbal.
Doctor II: Entonces, hay que incorporarla y orientarla socialmente. Dentro de sus actividades, prográmenle caminatas, cantar, participar en grupos musicales, actividades en el gimnasio, que participe en la hora social y en las terapias de grupos amistosos y pónganle un custodio en todas las actividades.
Doctor I: Sufre estados depresivos.
Doctor II: Para eso están los psicotrópicos.
Doctor I: ¿Loxatina?
Doctor II: Bien.
Doctor I: ¿Navane?
Doctor II: También. Y todos los demás. No olviden las dosis de Thorazine.

VIII. Rita por fuera

Rita permanece inmóvil y serena en un banquillo en exhibición, ajena a todos.
Giner: Rostro oriental, tono cobrizo, ojos rasgados como las etnias de Mongolia. Su extraña lengua se asemeja al japonés en sintaxis y fonética, por lo que debe pertenecer al mismo tronco lingüístico. Su estatura es semejante a la de los aborígenes de Nueva Zelanda, aunque su cabello es lacio y no rizado como el de aquéllos. Dientes blancos y fuertes, sin caries, como si hubieran utilizado flúor o pastas dentales modernas. Manos duras, encallecidas, seguramente por el trabajo manual. Pies grandes y toscos revelan que nunca ha usado zapatos. Gran resistencia al dolor. Duerme en exceso, aunque puede permanecer impasible e inmóvil día y noche. Pulso agitado, corazón fuerte, pulmones amplios, piel tersa, extremidades normales. Espera paciente, aunque a veces muestra agresividad y angustia. Mira al cielo constantemente. De apariencia dócil y tranquila es capaz de enfurecerse y vencer a tres enfermeros. Cuando se siente agredida es peligrosa. Raza muy primitiva. Parece salida de la Edad de Piedra. Por las noches le canta a la luna.

IX. La tierra es como una tortilla

Rita: Algunos viejos lo contaron a mis padres y también a los padres de ellos y luego nuestros padres nos platicaron cómo es la Tierra. La Tierra es redonda, dicen, como una tortilla o como un tambor. Dicen que allá, donde queda la orilla, están los moradores de los confines. Allí está la orilla del mundo, donde dicen que no se puede ver más allá. Este cielo que vemos allá arriba, azul, dicen que es como una casa que nos cubre. Allá, donde solamente hay orillas, dicen que hay unas columnas. Y dicen que son de fierro las columnas y que están ahí para que no se caiga el cielo. Si acaso se pasara más allá de donde están paradas las columnas, dicen que se podría subir al cielo. Dicen que el que es padre está arriba y que lo encontraremos allá donde están las columnas paradas. Así contaban los mayores. Así vivían con esos conocimientos, porque así se los habían dicho los que primero vivieron. La palabra del que es padre existió primero. Por eso, ciertamente, ellos hablaban así y de esta manera lo contaban.

X. Today is Monday

Doctor: Me.
Rita: Me.
Doctor: You.
Rita: You.
Doctor: Me and you.
Rita: Me and you.
Doctor: O.K. O.K.
Rita: ¿Okay?
Doctor: Yes. Okay. Today is Monday.
Rita: ….
Doctor: Monday. The first day of the week. Monday.
Rita: ….
Doctor: Mon day. Repeat after me. Mon day.
Rita: ….
Doctor: Monday, it's easy. Mon day.
Rita: Day?
Doctor: No. No. Join the words. Monday. Today is Monday.
Rita: Monday.
Doctor: Good. Very good. But tomorrow is Tuesday. Repeat with me. Tuesday. Today is Monday, tomorrow Tuesday.
Rita: Day?
Doctor: Tuesday.
Rita: Monday?
Doctor: No. Tuesday.
Rita: No. Tuesday.
Doctor: Yes, yes. Tuesday.
Rita: Yes, yes. Tuesday.
Doctor: Yes!
Rita: Yes!
Doctor: What day is today?
Rita: Day.
Doctor: What day?
Rita: What day?
Doctor: Today.
Rita: Today?
Doctor: Yes, yes. Today.

Rita: Yes, yes. Today.
Doctor: No, no.
Rita: No?
Doctor: Today is Monday. Do you understand?
Rita: Yes.
Doctor: O.K. O.K. What day is today?
Rita: Yes.
Doctor: No. Say Monday.
Rita: Say Monday.
Doctor: Oh, my God.
Rita: God?
Doctor: God. Yes. God is in heaven. (*Señala el cielo.*)
Rita: (*Mira hacia el cielo.*)
Doctor: Do you know who God is?
Rita: God?
Doctor: Yes, God. Where is God?
Rita: Monday.
Doctor: Oh, no.
Rita: No?
Doctor: No, Rita, no.
Rita: God.
Doctor: God!
Rita: Tuesday.
Doctor: No, please.
Rita: Yes!

XI. Ser extranjero

Giner: Dejar la casa. Amanecer en tierra extraña. No reconocer las cosas, los sonidos, los aromas. El frío cala más, porque llega hasta el alma. La sed no se calma ni con agua, ni con vino, porque no es agua ni vino, lo que el cuerpo quiere. Las palabras no tienen sentido, ni significado, porque no son las palabras que uno necesita escuchar. Las cosas se parecen a las cosas conocidas, pero no son las mismas. Este sol, no es el mismo sol que se quedó lejos. Es más triste. No calienta. Como que no sale para todos. Y esta luna es otra luna. Pálida. Ajena. Luna fría y extraña. ¿Qué dicen esas voces? ¿De dónde vienen tantos sonidos? ¿A dónde va toda esta gente? ¿A qué dioses le rezan? ¿Cuál es la ley de estas tierras? ¿Dónde están los rostros conocidos?

Quiere uno recordarlos y no puede. Se empiezan a borrar en la distancia. Hay un vacío en el pecho. Algo le falta al cuerpo. Qué dolor en el alma. Qué tristeza infinita. El forastero en tierra extraña es una hierba arrancada de raíz que no encuentra sitio y muere lentamente. Como un animal mostrenco, perdido en el monte, que no encuentra su querencia. Como un alma errante, sin paz, ni sosiego.

XII. Yo soy Dios

Doctor: You can't get out. You can't go outside. You don't speak English. You can't leave. The door has a key, for your security. But each day, you will attend a group therapy in this pavilion. Now, you will take this pill. (*El doctor le acerca una píldora a la boca y un vaso de agua. Rita mira la píldora. El doctor se la acerca a la boca.*) Open your mouth. Please, open your mouth. (*El doctor le abre los labios y le introduce la pastilla. Le acerca el agua a la boca.*) Fine. And now drink some water. Drink this water, please. (*Rita bebe todo el contenido del vaso, apoderándose de él. Luego lo devuelve al doctor.*) O.K., Rita. You are a good girl. Make me a promise. You will take a pill every day, O.K.? Forever.

Rita: Yes.

Doctor: Very good. Forever. O.K. Forever.

Rita: Forever?

Doctor: Yes. Forever.

Rita: (*Toca el vaso.*) ¿Esto es forever?

Doctor: Forever. You are sick and you need this pill, many pills.

Rita: Forever.

Doctor: Maybe, someday, you will be fine.

Rita: Forever.

Doctor: O.K.

Rita: Monday.

Doctor: Monday?

Rita: God.

Doctor: What happened with God?

Rita: Forever.

Doctor: Forever. God. What's on your mind?

Rita: God. Forever.

Doctor: God is forever?

Rita: Yes. Yes.

Doctor: O.K. God is forever.
Rita: Tuesday.
Doctor: No, no. Today is Friday, not Tuesday.
Rita: God forever. Me.
Doctor: You?
Rita: Me God. Me God.
Doctor: What did you say?
Rita: Me God.
Doctor: Are you a God?
Rita: Yes.
Doctor: Are you sure?
Rita: Yes. Yes.
Doctor: Oh. Poor woman. You are crazy.

XIII. Canción de Rita (3)

Con el piquito abierto llorando
quieren comer un gusano
y están sentados llorando
los hijos chiquitos del carpintero.
Están arriba llorando.
Están arriba en la cumbre.

XIV. Rita por dentro

Rita está de pie arriba de una mesa, iluminada como una estatua. El doctor habla hacia el público describiéndola.
Doctor I: The serologic exams were found negative to the Wassermann Khan and Meinicke reaction. The hematologic biometry reveals 5.98 million blood cells per 7.55 white blood cells.
Doctor II: (*En off, en español.*) Tiempo de coagulación, escala Russell, 5 minutos y tiempo de sangrado 2.7 minutos, la orina tiene aspecto turbio, consistencia fluida, olor sui generis, color 3 de vogel, sedimento nebuloso, reacción ácida y densidad de 1.020, urea 22 gr., ácido úrico .41, fosfato Ph 1.87, cloruros 14.0 e indoxilo urinario, urobilina muy aumentados. Marcada desproporción entre las medidas del cráneo y la cara. El diámetro naso-indiano mide 7 pulgadas que exceden a la cifra normal. El contorno óseo de la bóveda se encuentra en el polo exterior, a nivel del inion, en donde

existe una exageración en la protuberancia occipital externa y que a su vez se encuentra excavada por la tabla interna. También se observa un grosor de un cuarto de pulgada de los huesos de la calota a este nivel; este sitio corresponde a la confluencia de los grandes senos venosos, de la meninge dura que forman ahí la presa de Herófilo. La sutura y los surcos vasculares son poco manifiestos, aun cuando la sombra difusa de la región *temporo parietal* nos indica ligera hipertensión del líquido. La cavidad fondo orbitaria es poco amplia y su ángulo es de abertura aguda sugiriendo el escaso volumen del óbulo frontal. La silla turca tiene forma normal pero las distancias entre las clinoides anteriores y las posteriores exceden la cifra normal.

RITA: ¡Bitichi ni ku siminale! (Quiero irme a mi casa.)
DOCTOR: What did she say?
RITA: ¿Chisia ni nai ati? (¿Por qué estoy aquí?)
DOCTOR: She's a little obsessed. We will continue in the next session.
RITA: ¿Piri tumu naki kitira? (¿Qué quieren de mí?) ¡Tamirewe machinia! (¡Déjenme salir!)

XV. SI NO HUBIERA SOL

Rita está con camisa de fuerza. Un enfermero le pone una charola fuera de la jaula.

RITA: El sol está obligado a caminar. Y si dejara de cumplir con su deber, el mundo se acabaría. Si no hubiera sol, no vivirían las plantas, ni los animales, ni tú mismo. De él todo se alimenta. Es él quien todos los días nos da la vida, por eso es el padre. La danza del Rutuburi es la danza de Dios. La danza del Rutuburi es hablarle a Dios. Los blancos no danzan el Rutuburi. Los blancos no danzan el Rutuburi. Nunca ofrendan a Dios, cuando quieren comer alguna cosa.

XVI. TENGO SEIS MIL HIJOS

Dos doctores observan atentamente a Rita. Se miran entre sí, la rodean. Cavilan. Suspiran preocupados. Cambian de lugar para variar su punto de vista. Piensan. Reflexionan. Pausa larga. Rita los mira de soslayo, desconfiada y espera inquieta, aunque finge cierta tranquilidad. Pausa larga. Uno de los doctores saca una cajetilla de cigarros, toma uno y ofrece otro a su compañero.

DOCTOR I: Cigarette?
DOCTOR II: Yes. Thank you. (*El doctor II toma un cigarrillo. El doctor I enciende el suyo y ofrece la misma lumbre al otro doctor que enciende su cigarro. Rita*

espera que le ofrezcan uno. Ellos no lo perciben, dan fuertes bocanadas y siguen observando a Rita, muy pensativos.)
RITA: ¿Un cigarro...?
DOCTOR I: *(Sorprendido.)* What did she say?
DOCTOR II: She said *cigarro.*
DOCTOR I: Cigarro... maybe she said cigarette.
DOCTOR II: *(A Rita, mostrándole el cigarro.)* Cigarette.
RITA: Cigarette.
DOCTOR I: Do you want a cigarette?
RITA: Yes.
DOCTOR II: You can't smoke.
DOCTOR I: Later on. Now it's not possible.
DOCTOR II: Answer our questions and you can smoke.
RITA: Yes.
DOCTOR I: Are you married?
RITA: Yes.
DOCTOR II: Do you have children?
RITA: Yes.
DOCTOR I: How many children do you have?
RITA: Cigarette.
DOCTOR II: No, no. *(Alza un dedo.)* Do you have a son?
RITA: No.
DOCTOR II: *(Alza dos dedos.)* Do you have two sons?
RITA: No.
DOCTOR I: *(Alza tres dedos.)* Three sons?
RITA: No.
DOCTOR II: How many do you have?
RITA: Yes.
DOCTOR I: How many?
RITA: Many.
DOCTOR II: Five? Ten?
RITA: No.
DOCTOR I: More?
RITA: Yes.
DOCTOR II: Fifteen?
RITA: No.
DOCTOR I: Twenty?
RITA: No.

Doctor I: More than twenty?
Rita: Yes.
Doctor II: That's impossible.
Doctor I: No, it is possible. In some tribes, women have many children.
Doctor II: Do you have fifty sons?
Rita: No.
Doctor I: More than fifty?
Rita: Yes.
Doctor II: One hundred?
Rita: No.
Doctor I: More?
Rita: Yes.
Doctor II: Oh, no. One thousand maybe?
Rita: No.
Doctor I: More?
Rita: Yes.
Doctor II: Six thousand?
Rita: Yes.
Doctor I: Are you sure? Six thousand?
Rita: Yes.
Doctor I: Do you have six thousand children?
Rita: Yes.
Doctor II: (*Al otro doctor.*) This patient has megalomania.
Doctor I: She suffers from delusions of grandeur.
Doctor II: Yes. It's a variant of schizophrenia.
Doctor I: She needs more psychotropics.
Doctor II: Loxatine?
Doctor I: And Navane and Thorazine.
Rita: Cigarette. (*Los doctores la miran furiosos.*)
Doctor I: Go to hell!

XVII. Canción de Rita (4)

Rutuburi de un lado a otro.
Todos, muchos, brazos cruzados.
Rutuburi de un lado a otro.
Todos, muchos, brazos cruzados.
Hermoso, hombre, por cierto.
Hermoso, hombre, por cierto.

XVIII. Soy Dios y soy el Diablo

El intérprete conversa con Rita. Un doctor observa.
Intérprete: Do you speak Spanish?
Rita: ....
Intérprete: ¿Usted habla español?
Rita: ....
Intérprete: ¿Usted me entiende a mí?
Rita: ¿Qué quiere?
Intérprete: Ah. Sí habla español.
Rita: No.
Intérprete: Sí entiende lo que yo digo.
Rita: Poquito.
Intérprete: Yo soy Jimmy López ¿y usted quién es?
Rita: Rita.
Intérprete: Rita qué.
Rita: Rita. Carrillo.
Intérprete: ¿De dónde viene usted?
Rita: Mi casa.
Intérprete: ¿Dónde es su casa?
Rita: Arriba.
Intérprete: ¿Usted tiene papeles?
Rita: ¿Qué papeles?
Intérprete: Pasaporte, Visa, Mica, Green Card. Usted sabe.
Rita: No sé.
Intérprete: ¿Usted es mojada?
Rita: No.
Intérprete: Usted es *illegal.*
Rita: No.
Intérprete: ¿Usted es mexicana?
Rita: No.
Intérprete: ¿Usted es india?
Rita: Yo Tarahumara.
Intérprete: ¿Qué es Taramara?
Rita: Tarahumara de arriba.
Intérprete: ¿Cómo llegó usted aquí?
Rita: De arriba.
Intérprete: Arriba está el cielo.

Rita: Yo caí de cielo.
Intérprete: Eso no es posible.
Rita: Caí de cielo.
Intérprete: Está equivocada.
Rita: Yo Dios.
Intérprete: Usted no es Dios.
Rita: Yo Diablo.
Intérprete: Tampoco es el Diablo.
Rita: Yo Dios y Diablo. Ayena tso rarámuri cabé ejeréame ke maciga cu riká ju wicimoba ajaré otsérame aré ki yurere tso kere ewenowa.
Intérprete: This woman suffers from hallucinations and has false beliefs. She is not from Mexico. She speaks a dialect from Nicaragua.

XIX. Los adelantos de Rita

Rita en su jaula. El Doctor I la observa. Se ve triste, deprimida y ausente.
Doctor I: The patient suffers from involuntary hand trembling; side effects from the psychotropics.
Voces: (*En español.*) Suminístrenle Stelazine y Artane en las mismas dosis. También muestra nubes en la córnea, lo que podría deberse a la administración de Thorazine. No la suspendan. Sigan igual, por lo pronto. Ya veremos si esos efectos continúan. La paciente atendió al 50 por ciento de las actividades. Estuvo en clase el 50 por ciento. Se relacionó con una persona por sesión y siguió todas las reglas de la clase durante 90 días. Todas las terapias son en inglés, y ha hecho muchos adelantos. Ya dice *Yes*, *Not* y *Cigarette*.

XX. Lo que son los sueños

El enfermero se ha quedado dormido, sentado en su silla, con la cabeza apoyada en el respaldo. Rita duerme en el suelo, sobre un colchón. A su lado está su cama vacía. Rita despierta y se incorpora. Observa al enfermero que duerme.
Rita: El hombre puede separar el alma del cuerpo y hacer que suba de la tierra al cielo para recibir fuerzas. Los sueños son la vida del alma. El alma sale cuando el cuerpo duerme. Por eso en los sueños se saben los deseos del hombre. Por medio de los sueños el hombre se puede dar cuenta del estado en que se encuentra. Cuando sale a vagar en los sueños, el alma a veces es apresada por los que viven en el agua. Entonces el hechicero tiene que ir a rescatarla. El hombre que no sueña se queda pegado a la tierra. Algunos sueños son pláticas con Dios.

XXI. Los diagnósticos

Rita habla en tarahumara. Los doctores como contrapunto diagnostican los problemas de Rita.

RITA: Ayena tso raramuri cabe eperéame
ke maciga cu riká ju wicimoba
ajaré otsérame aré ko yurere
tso kene ewenowa
Kene ewenowa ewenowara tso aré
eci ko kene ewenowa tamí ruiye
curegá ju wicimoba.
DOCTOR I: Improves orientation.
DOCTOR II: Asystematic delusion.
RITA: Wicimoba ko citúrame ka rua
mapuregá biré remé o mapuregá
biré rampora citúrame.
DOCTOR I: Time disorientation.
DOCTOR II: Delusions of grandeur.
RITA: Ami suwe ka ruá, mapu jonsa
suwé ju, mapukite je anié
ajaré retewi naka eperéame.
DOCTOR I: Impaired thinking process.
DOCTOR II: Points to the sky.
RITA: Suwé eperéame aniríame ke,
mapuré naka eperéame sisáa.
DOCTOR I: Logical thought flow.
DOCTOR II: Attends mess group.
RITA: Jenai wicimoba ko mi suwé,
mapa jonsa ke maci ka ruá
animá ko, jepuná wicimoba ko,
ma ta re pá retewá siyóname,
mapuregá geporí ka ruá á
DOCTOR I: Lacks proper verbalization.
DOCTOR II: Social stimulation.
RITA: Mi suwé be pa mapugoná bi jonsa
suwé ju, ecigoná tónea ruá.
DOCTOR I: Ward activity.
DOCTOR II: Depressed mood.

Rita: Wenomí tóneame ka ruá epuná
   mapú re pá cukú,
   kite ke wicimea.
Doctor II: Chemotherapy.
Rita: Mapuré a simírusua ka mapwgoná
   tona jawi aminá,
   a ga' rá mo' enabo ruá.
   Aminá simíroka aminá re'pá
   mapu aorúame atikibi,
   naka korika simíroka.
Doctor I: Millien Therapy.
Doctor II: Tardive dyskinesia.
Rita: Onorúame ko re pá atigá ruá,
   non ane riwiboa ruá ecigoná
   mapugoná tova jawi.
Doctor I: Delusional grandeur type disorder.

XXII. Taramara

Giner: La mujer repetía siempre una palabra. *Taramara. Taramara.* Fue entonces cuando Tori habló con Susan Bockrat que trabajaba en Kansas City para la Western Missouri Legal Aid. Tori quería que Susan la ayudara a investigar qué significaba esa extraña palabra, *Taramara*. Susan, que era de Arizona, recordó que en México había una tribu llamada Tarahumara y tuvo un presentimiento. Entonces se acordó que en Phoenix vivía Eduardo Salmón, un profesor, cuyos padres de origen tarahumara habían emigrado a California, hacía muchos años y él hablaba inglés, español y tarahumara. Tori llamó a Eduardo y éste habló por teléfono con la mujer sin nombre y sin lengua.

XXIII. Larga distancia

Rita está de pie junto a un teléfono. Un médico habla por teléfono. En otra área se encuentra Eduardo Salmón, con el teléfono al oído.

Doctor: Ready? (*El médico le coloca a Rita el teléfono en la oreja.*)
Doctor: Come on. Speak. (*Rita observa el teléfono y al doctor, con cierto temor.*)
Eduardo: ¿Bueno? ¿Me escuchas? (*Pausa. Rita con el teléfono en la oreja mira hacia varias direcciones intentando localizar la voz.*)

Eduardo: ¿Bueno? ¿Estás en el teléfono? (*Pausa.*) Responde, por favor. (*Rita no responde y sigue mirando hacia varios lados.*) Acha mu tamí namú?
Rita: Yepuká jú?
Eduardo: Nejé jú Eduardo Salmón.
Rita: Piri mu nakí?
Eduardo: Mí ne yúa raichánali.
Rita: Kumí mu atí?
Eduardo: Phoenix en anelíchi atí.
Rita: Tasi ne mí retewá.
Eduardo: Wé ne me'ka atí.
Rita: Mí ne mulipi kipusú.
Eduardo: Chú mu rewéy?
Rita: Rita.
Eduardo: Rita miná chú regá?
Rita: Rita Carrillo.
Eduardo: Chú mu isimí échi goná?
Rita: Tasi ne nakiíluwa mapu ne machíinama.
Eduardo: Chú mu regá nawalí échi o'ná?
Rita: Bikiá chabochi tamí paálina'í.
Eduardo: Achá mu mexicana jú?
Rita: Tasi.
Eduardo: Kumi mu betéami jú?
Rita: Mí porochi anelíachi.
Eduardo: Kumí ju prochi anelíachi?
Rita: Kuiteko peí minana.
Eduardo: Kumi iyena jú kuiteko anelíachi?
Rita: Bawichibo peí minana.
Eduardo: Chú iyeri bawichibo? Rita.
Rita: Weé chá mu ke tasi ra'eéi ralamuli kawiwaálachi?
Eduardo: Pé rumulaáchi bí jonsa.
Rita: Á alé mu ra'e'r li ko porochibá.
Eduardo: Tasi ne ra'eí porochi pé chopí sérógachi jonsa.
Rita: Tasi mu bile ra'eí lá likó báa né.
Eduardo: Acha mu ralamuli jú?
Rita: Ayena. Mojé ayena chó?
Eduardo: Tasi... Ayena peí bí.
Rita: Tasi pei bí nirú; we chá mu chabochi o ralamuli ju.
Eduardo: Kumi muchuwí mojé kuchúwala?

Rita: Tasi ne machí.
Eduardo: We chá porochi muchuwí?
Rita: Tasi.
Eduardo: Kumí muchuwí?
Rita: We'kali alé.
Eduardo: Chú mu regá nawalíjé na'í póbolochi?
Rita: Pé inároka a'lí i'nía ne nawaké.
Eduardo: Inároka kó á keré, i'nika kó ne ke mayé.
Rita: Pe kureéli inároka, a'lí kuréeli i'nika.
Eduardo: Tasi mu chulikí jú. Tasi mu emeró i'nía.
Rita: Rewekachi ne jonsa ir'kiínali.
Eduardo: Acha mu machí ingles raa'icháa?
Rita: Tasi.
Eduardo: Castilla Rú acha mu ra'ichá?
Rita: Pé risoáti.
Eduardo: Chú reweí moó kunala?
Rita: Manuel.
Eduardo: Kipi mu kuchuwi?
Rita: Usaní
Eduardo: Chú etewíami jú?
Rita: José, Pedro, Ruperto, Juana, Jesús, a'lí Rosa.
Eduardo: Kumi muchuwí?
Rita: Tasi ne machí.
Eduardo: Ke tasi mí yúa muchuwí?
Rita: A muchuwú chabé kó, jipi kó má keé.
Eduardo: Kumi mu rewekíi?
Rita: We'kali alé.
Eduardo: Chú mu inilí?
Rita: Kú siminalí nejé.
Eduardo: Acha mu a'lá atií?
Rita: Tamí ma'chí paka.
Eduardo: Wé ne me'ká atiki.
Rita: Tamí kú noláa.
Eduardo: Tasi ne umeró, rita.
Rita: Porochi nejé kú siminalí.
Eduardo: Kilíi mu asisáa á mu kú umeroma machiinaa.
Rita: Tasi nakiíluwa mapu ne machíinama.
Eduardo: Kú sa'wisáa mi kú ma'chináma échi o'na jonsa.

Rita: Tamí ku'íroko.
Eduardo: Su wábaka ruyé mí kítera.
Rita: Má ne a ruyekíi larú bá.
Eduardo: Aboí ko tasi ra'ichá ralamuli fchi kiti tasi mí namu.
Rita: Mojé ra'iché.
Eduardo: Nejé mojé kítera ra'ichama.
Rita: Wé sa'pú nolináa, tamí ma'chí paka, Tasi ne bené na'i. Porochi ne ku Siminali. Tasi ne nakiíluwa, mapu ni Machiínama porochi ni kú siminali. Tasi ne bené na'í asaká. Wé sa'pú tamí Ku ma'chí paka. Tamí ku'íroko.
Giner: Eduardo Salmón averiguó que Rita era de Porochi, más allá de Cuiteco, más allá de Bahuichivo. Rita insistió que había llegado a Kansas caminando a ratos y a ratos volando, que había bajado del cielo, que su esposo se llamaba Manuel y tenía seis hijos. Rita dijo que sus hijos se habían perdido y que quería irse de allí y volver a Porochi. Salmón le prometió que hablaría por ella y que muy pronto, la sacaría de allí.

XXIV. Canción de Rita (5)

Nosotros somos rarámuri
Nosotros sostenemos el mundo
Nosotros somos la columna del mundo.

XXV. Y yo, ¿qué hago aquí?

Giner: Y yo, ¿qué hago aquí? Me llamo Miguel Ángel y estoy aquí, también por casualidad. Vine a Estados Unidos a vender artesanías y acá me quedé. Yo soy de Camargo. Estudié pedagogía. Trabajé en la sierra de Chihuahua rescatando archivos municipales. Un día, se me acabó el trabajo y vine acá, a Estados Unidos, como tantos mexicanos. Pero no me quedé en la frontera y llegué hasta acá. ¿Por qué a Kansas? No lo sé. Tal vez porque en mi inconsciente quedó grabada aquella frase "Kansas City, México y Oriente" que tenían los vagones de aquel tren que pasaba enfrente de mi casa, cuando yo era niño. Me enteré de la existencia de Rita, también por casualidad. Yo trabajo ahora para el Distrito Escolar de Great Bend. Y tengo que capacitarme. En una de mis clases, el instructor Ted Hamman nos dijo que su novia Susan Bockrat le había dicho que en el hospital siquiátrico de Larned estaba una mujer muy rara. Y a Susan se lo había contado Tori Mroz, que le había pedido ayuda para hacer algo por esta mujer. Se llama Rita, me dijeron. ¿Rita? Pensé, ¿no será mexicana?

XXVI. La visita

Giner: Fui al hospital y conseguí un permiso para verla. Recorrí los pasillos, la sala de visitas, las aulas, los jardines. Hasta que la encontré. Estaba sentada sobre la tierra en el último rincón más escondido, mirando el cielo. Intenté hablarle en inglés. Permaneció muda. Inmóvil. Hi. (*Rita no se mueve, ni lo mira.*) How are you? (*Rita permanece impasible.*) Buenos días. (*Rita no responde, pero voltea a mirarlo, desconfiada.*) ¿Hablas español? (*Rita mueve la cabeza negativamente. Giner alza su mano derecha y la extiende de canto hacia Rita.*) ¡Cuira...! (*Rita lo mira extrañada. Lentamente alza su mano con los dedos de canto y le toca a Giner levemente los dedos, tal y como se saludan los tarahumaras.*)
Rita: Ganiri va.
Giner: ¿Eres tarahumara?
Rita: ¿Tú Chabochi?
Giner: Sí. Chabochi.

XXVII. No te entiendo, Rita

Rita: Chika tumu ju teemi? (¿Quiénes son ustedes?)
Giner: No te entiendo, Rita.
Rita: Chisia ni nai ati? (¿Por qué estoy aquí?)
Giner: Quisiera hablar tu lengua...
Rita: Chusia tumu tami iyera? (¿Por qué me encierra?)
Giner: ¿Cómo llegaste hasta esta ciudad?
Rita: Bitichi ni ku siminale. (Quiero irme a mi casa.)
Giner: Son tres mil kilómetros, Rita.
Rita: Anesi kine wenuwala mapu tami ku. (Avisen a mi familia que venga por mí.)
Giner: ¿Cómo cruzaste la frontera?
Rita: Keni raila na ko'ame. (No me gusta esta comida.)
Giner: ¿Cómo llegaste hasta esa esquina donde te atrapó la policía?
Rita: Kene nake owaame. (No quiero pastillas.)
Giner: ¿Cómo sobreviviste hasta esa noche?
Rita: Kene naki icheluame. (No quiero inyecciones.)
Giner: ¿Viniste como sirvienta y te echaron? ¿Te trajo un pollero y te abandonó? ¿Te escapaste de alguna granja donde te tenían contra tu voluntad?
Rita: Piri tumu naki tami kitira? (¿Qué quieren de mí?)

Giner: ¿Cúantas penas, cuánto dolor habrás pasado en este manicomio, Rita, doce largos, larguísimos años? ¿A qué torturas te habrán sometido? ¿Qué infierno habrás vivido?
Rita: Tami arewe machinia. (Déjenme salir.) Tami arewe machinia. (Déjenme salir.) Tami arewe machinia. (Déjenme salir.) (*Rita jalonea a Giner tomándolo por la camisa. Giner trata de soltarse.*)
Giner: ¡Cálmate, Rita! Take it easy! ¡Tranquila! (*Rita se pone frenética. Agrede a Giner con puntapiés y rasguños en la cara. Giner lucha con ella, pero Rita es más fuerte. Rita grita en tarahumara. Poco a poco, Giner la va dominando. Rita transforma su furia en llanto desesperado. Gime dolorosamente. Giner se conmueve.*) Ya, Rita, ya. Te voy a ayudar. Te juro que te voy a sacar de aquí. Ya. Rita. No te desesperes. Confía en mí. (*Rita llora. Se va calmando. Giner la abraza y la acaricia suavemente para que se calme.*) Confía en mí, Rita. Confía en mí.

XXVIII. Hacia el sur

Los doctores observan a Rita, que muestra abatimiento. Ha envejecido. Se ve cansada y su cuerpo se mueve con tics y con temblores.
Doctor I: After we finished giving her psychotropics, the patient began experiencing involuntary body movements.
Voces: (*En español.*) Han aumentado sus conductas extrañas, tiene dolores de cabeza, trae la lengua fuera de la boca, no controla sus movimientos y camina sin estabilidad.
Doctor II: Estamos ante un caso de discinesia tardía.
Doctor I: ¿Podríamos tratarla con otro medicamento?
Doctor II: ¿Para qué? Esta discinesia es permanente e irreversible.
Doctor I: Ha vuelto a presentar síntomas de Dilema, como los que tenía cuando fue internada.
Doctor II: Ahí no podemos hacer nada.
Doctor I: El neurólogo que la vio recomienda reducir a la mitad la dosis de medicamentos psicotrópicos.
Doctor II: Redúzcanla.
Doctor I: ¿A la mitad de la primera dosis o a la mitad de la dosis aumentada la última vez?
Doctor II: A la mitad de la última dosis. Y hay que eliminar el Navane. O reducirlo a una mínima dosis.
Doctor I: Lo reduciremos.

Doctor II: ¿Algo más?
Doctor I: Sigue intentando escapar. La última vez ya iba lejos.
Doctor II: ¿Y a dónde se dirigía?
Doctor I: Hacia el sur. Siempre que se escapa se dirige hacia el sur.
Doctor II: Qué extraño. Hacia el sur... (*Aparece Giner. Los doctores no lo miran.*)
Giner: Hacia el sur. Siempre hacia el sur. (*Rita mira ilusionada por una ventana, hacia el cielo. Giner se le acerca.*) ¿Qué miras?
Rita: Patos. Patos en el cielo. (*Giner mira en la dirección de Rita.*)
Giner: Por el cielo de Kansas pasa una bandada de patos que vienen del Canadá. Van al sur, lejos del frío.
Rita: Van Arareco.
Giner: Sí, Rita. Van al Lago Arareco, cerca de tu tierra. (*Pausa. Los dos observan embelesados hacia el cielo. Pausa. Rita trae un objeto escondido entre las manos.*) ¿Qué traes ahí? (*Rita, como niña traviesa, se niega a abrir los puños cerrados.*) Enséñame qué es eso que escondes. Ándale. (*Rita abre las manos. Trae una mariposa monarca.*) Una mariposa monarca. Tiene un ala rota. Pobrecita. Igual que tú, Rita.
Rita: Yo mariposa.
Giner: ¿Quieres ser mariposa para volar al sur? ¿Para volar hasta los oyameles y pinabetes de Chihuahua?
Rita: Yo mariposa. Yo pato. Yo viento.

XXIX. Conversación por teléfono celular

Giner y un amigo hablan por teléfonos celulares.
Giner: ¿Jacinto?
Amigo: ¿Eres tú, Giner?
Giner: ¿Investigaste lo que te pedí?
Amigo: ¿Cómo dices?
Giner: ¿Qué nuevas me tienes de Rita Carrillo?
Amigo: Deben ser las pilas del celular.
Giner: ¿Fuiste a la sierra?
Amigo: Mejor voy a cambiar de teléfono.
Giner: ¿Pudiste averiguar algo?
Amigo: ¡No te entiendo nada, vato!
Giner: ¡Me urge saber quién es!
Amigo: Si quieres te hablo después.
Giner: ¿Preguntaste por ella en los municipios de la sierra?

Amigo: ¿Cuál tierra? ¡No se escucha bien!
Giner: ¡Busca en el Registro Civil y en el INI!
Amigo: ¡Ya se chingó esto!
Giner: ¡Pregunta por Rita Carrillo o Rita Patiño o Rita Quintero!
Amigo: ¿Qué niño? ¿Tintero, dices?
Giner: ¡Háblame más tarde! ¡Cambia de teléfono!
Amigo: ¡No te entiendo nada, pero espero que tú sí me escuches! ¡Ten cuidado con esa mujer! ¡No te vayas a meter en una bronca! ¡Estuvo presa aquí, en la Peni de Chihuahua! ¡Mató a su marido en Porochi! ¡Estuvo presa dos años! ¡No se sabe cómo salió de la cárcel! ¡Es una asesina!

XXX. Yo no maté marido

Rita conversa con Giner.
Rita: Hubo mucho tezgüino en casa de Chú. Hombres barbecharon y pusieron cerco. Mujeres limpiaron magüechi. Chú dio tezgüino. Mi marido tomó muchas güejas de tezgüino. Yo tomé güejas de tezgüino. Todos tomaron tezgüino en casa de Chú. La gente pelea cuando toma tezgüino. Mi marido peleó conmigo por culpa de chivas. El quería vender mis chivas. Yo crié chivas. Quería quitarme chivas. Tomamos tezgüino en casa de Chú. Todo día y toda noche. Me vino el sueño y me fui dormir. En la madrugada vino el coyote a robarme chivas. Yo lo sentí cuando se acercó a mi petate. Tomé machete y le pegué así y así, le dí así y así, nomás. No quería morir. Tomé piedra grande y dejé caer en cabeza. Me llevaron a Cuiteco amarrada. Me encerraron en cárcel chica. Me llevaron a Chihuahua amarrada. Me encerraron en cárcel grande. Dicen que yo maté marido. Yo maté coyote que quería mis chivas. Yo no maté marido. Yo maté coyote.

XXXI. Los doctores se defienden

Giner discute con los doctores que muestran expedientes.
Giner: ¿Qué ha hecho Rita, aquí, estos doce años?
Doctor II: Ha tenido amplio programa de actividades.
Giner: ¿Ah, sí? ¿Qué clase de actividades?
Doctor I: Group therapy.
Doctor II: Hora social.
Doctor I: She has taken walks.
Doctor II: Cantar en coros.

GINER: ¿Y en qué idioma se hace esto?
DOCTOR II: En inglés.
GINER: ¡Ella no habla inglés!
DOCTOR I: We got an interpreter and gave her the opportunity of speaking to someone in her own language.
GINER: ¿Qué idioma?
DOCTOR II: Español.
GINER: Ese no es su idioma. (*Pausa.*) ¿Y era necesario que la tuvieras encerrada con llave?
DOCTOR I: It was for her own safety. She could have gotten lost.
GINER: ¿Por qué no la enviaron a otra institución, que no fuera un hospital siquiátrico?
DOCTOR II: ¿Cómo? Era una extranjera ilegal. ¿Quién iba pagar sus gastos?
GINER: El expediente de Rita está lleno de irregularidades. Nunca recibió terapia individual. ¿Y no se les ocurrió obtener el consentimiento de Rita antes de administrarle los medicamentos? ¿Por qué no le explicaron los riesgos y los efectos secundarios de las medicinas? ¿Por qué no obtuvieron un dictamen para saber si ella tenía capacidad de entender los efectos de los medicamentos? ¿No tenían la obligación de buscarle un tutor que respondiera por ella? ¿Acudieron a un juez para que él autorizara la administración de los medicamentos?
DOCTOR I: She was an illegal foreigner.
GINER: Véanla ahora. Ahí está el resultado de sus decisiones y su tratamiento. La drogaron. La aislaron durante doce años. Le cortaron sus raíces. (*Entra Rita caminando lentamente, con tics en brazos y cara. Trae la lengua fuera de la boca y tuerce los ojos. Da la apariencia de que tiene mal de Parkinson y cierto retraso mental. Rita se acerca a los doctores, con desconfianza. Reconoce a Giner y esboza una sonrisa de tranquilidad. Busca su protección.*)
RITA: (*A Giner.*) ¿Ya nos vamos Porochi?
GINER: Pronto, Rita, pronto
RITA: (*Lo jala de la camisa.*) Sácame de aquí. Vámonos pa'arriba.
GINER: Tranquila, Rita. Es cuestión de unos trámites, nomás.
RITA: ¿Cuándo? ¿Cuándo? ¿Cuándo?

XXXII. LA CAUSA DE LA ENFERMEDAD

Un enfermero pesa a Rita, le mide la estatura, le toma la temperatura con un termómetro en su boca, le echa luz en los ojos, la obliga a abrir la boca, para examinársela y le echa la luz hacia dentro, con una lámpara pequeña, le mide los reflejos de la rodilla y le toma el pulso, mientras Rita conversa en español.

RITA: La enfermedad es causada porque el alma sale a pasear, abandonando su hogar en el corazón. No se va el alma completa, ni siempre sus paseos causan la muerte. Pero lo poco que queda de ella en el corazón no sirve para tener la salud y entonces la persona se enferma. Se llama al hechicero y se le pide que haga salir a su propia alma para ir en busca de la que se ha perdido. El alma del hechicero viaja hasta hallar el lugar donde el alma errante se perdió. La mujer tiene cuatro almas y el hombre tres, y hay que celebrar las tres o las cuatro fiestas para despedirlas bien. Y cuando éstas terminen, ya no importa si las ollas se quiebran, porque sus almas ya no van a regresar. La olla termina de servir. ¿Ya saben por qué la mujer tiene cuatro almas y el hombre sólo tres? (*El enfermero sale. Rita habla sola.*) Es verdad que el hombre tiene tres almas y la mujer cuatro, porque la mujer carga también el alma del mundo, porque ella da luz a la vida.

XXXIII. LA DEMANDA

Giner habla con los doctores del hospital Larned.

DOCTOR II: We did what we had to do. We phoned the Mexican Consul in Denver....

DOCTOR I: Mister Tamez.

DOCTOR II: He told us to call the Mexican Consul in Salt Lake City....

DOCTOR I: And we spoke to Miss Zoila Vergara.

DOCTOR II: She told us that she had contact with a Rita López....

DOCTOR I: In 1982.

DOCTOR II: Una india que hablar un dialecto de México y ser de las montañas... .

DOCTOR I: ...near Chihuahua.

DOCTOR II: Ella pensar que Rita López llegar hasta acá en cajuela de carro, pero esta Rita dice no....

DOCTOR I: ...that she fell from the sky.

DOCTOR II: Miss Zoila Vergara dice ella ayudarnos con esta Rita

DOCTOR I: ...in whatever was possible.

DOCTOR II: Y que enviáramos información clínica....

DOCTOR I: ...regarding Rita.

DOCTOR II: Yo pedí ella información de su Rita López, pero nunca más saber nada de consulado mexicano en Salt Lake City....

DOCTOR I: Never again.

Giner: Ahora tienen ustedes y los treinta empleados, médicos, enfermeras y trabajadores sociales del Hospital Larned, una demanda.
Doctor II: Vamos defendernos. Hicimos nuestro deber. Ustedes abandonaron ella. Consulados mexicanos no interesaron Rita.
Doctor I: They did not care for her.
Doctor II: Debido lenguaje sólo ofrecerle terapia de medio ambiente, terapia de actividad limitada....
Doctor I: ...and chemotherapy.
Doctor II: La evaluación sicológica complicada, diferencias idioma y cultura....
Doctor I: ...also due to her illiteracy.
Doctor II: Ser extranjera.
Doctor I: ...illegal foreigner....
Doctor II: Complica fondos para colocarla.
Giner: Pues ahora sí que ustedes van a tener que reunir muchos fondos. La demanda es por diez millones de dólares.
Doctor II: Are you nuts? Imagina esa mujer en tribunales. No sabe ni su nombre.
Giner: Rita Carrillo, Rita Quintero, Rita Patiño, Rita López o como se llame, ya tiene tutor que la represente.
Doctor II: You, for sure.
Doctor I: Or Tori Mroz.
Giner: La Corte del Condado ha designado a Beatriz Zapata, religiosa de las Hermanas de San José.
Doctor II: Demanda no procederá. Antes otra de cincuenta mil dólares y no pasó nada.
Giner: Rita ahora no está sola. Atrás de ella está KAPS. ¿Saben qué es eso? La Fundación de Kansas para dar ayuda legal y protección a los individuos con problemas mentales.
Doctor II: ¿Y para qué quiere Rita diez millones de dólares?

XXXIV. Los pleitos por Rita

Giner: (*Musita una canción.*) "Rita, Rita, dame café, ahorita, ahorita te lo daré."
Rita: ¿Quieres café?
Giner: No. Estoy cantando una canción.
Rita: A mí gustan canciones.
Giner: Estoy cantando una canción que cantaba mi mamá. (*Canta.*) "¿Qué tiene Rita? No tiene nada, es que se aburre, estando encerrada...."
Rita: No quiero estar encerrada. Sácame de aquí.

Giner: Pronto, Rita, pronto.
Rita: Nomás hacen papeles y papeles y nunca acaban.
Giner: Tenemos un problema, Rita, y hasta que no lo resolvamos....
Rita: ¿Problema?
Giner: Hay dos instituciones interesadas en ti. La Coordinadora Estatal de la Tarahumara y el Instituto Nacional Indigenista. Se están peleando por ti.
Rita: No entiende.
Giner: La CORETA y el INI se están peleando por ti.
Rita: ¿Por mí? ¿Peleando?
Giner: La CORETA es del gobierno que es del PAN. El INI es del PRI.
Rita: No conozco PAN. Yo conozco PRI. Verde, blanco y colorado. Yo voto por PRI. No voto, no cobija, no maíz. Comisario es PRI. Comisario se enoja. Voto PRI, dice. Verde, blanco y colorado.
Giner: La CORETA quiere sacarte de aquí y llevarte a Chihuahua, para meterte en un hospital siquiátrico de allá.
Rita: Hospital no. Hospital no. Yo no mala.
Giner: El INI quiere llevarte a la sierra, a tu pueblo, pero allá nadie quiere hacerse cargo de ti.
Rita: Yo quiere volver sierra.
Giner: ¿Y allá qué vas a hacer? Ya no eres una jovencita. ¿Quién te va a mantener?
Rita: Yo trabaja.
Giner: ¿En qué Rita? Te morirás de frío, en medio de la nieve. O te morirás de hambre.
Rita: Tú llévame. Sácame de aquí.
Giner: Hay otro problemita, contigo, Rita.
Rita: ¿Problemita?
Giner: Problemota. Si te llevamos a Chihuahua te va a detener la policía. Te van a meter a la cárcel.
Rita: ¿Cárcel? Yo no quiere cárcel. Cárcel no.
Giner: ¿Por qué no me dijiste que habías estado presa en la Peni de Chihuahua? ¿Cómo te escapaste de la cárcel? ¿Cómo cruzaste la frontera? ¿Cómo llegaste hasta acá?
Rita: (*Apunta con un dedo al techo.*) Caí de cielo. Ya dije. Caí de cielo.
Giner: Eres una asesina, Rita.
Rita: ¿Asesina?
Giner: Mataste a tu marido.
Rita: Yo no maté marido.
Giner: Lo mataste a machetazos y le echaste una piedra encima de la cabeza. Lo mataste, en una tezgüinada. Lo mataste.

Rita: No. No. No mataste. No mataste. No. No. No.
Giner: Cálmate. No grites. Ay, Rita. ¿Qué voy a hacer contigo?
Rita: Sácame de aquí. Llévame Porochi. Sácame de aquí. Sácame.
Giner: Han venido por ti, Rita. Afuera están esperándote Belinda Ames y Arturo Limón para regresarte a Chihuahua. Pero los médicos del hospital no quieren soltarte. A lo mejor los convencemos, tú tienes que volver a tu casa. ¿Qué digo? Tú no tienes casa. (*Pausa.*) ¿Estará bien lo que estamos haciendo?

XXXV. Canción de Rita (6)

Tengo una corona
de espejitos y plumas
son cuatro espejitos
que son como ventanitas
para ver cuando el alma
se suba por uno
de los cuatro vientos
para llegar a tata Rioshi.
Y sí, casi lo olvido
quiero tener amigos
cuando me vaya,
bailando el yúmare
y el pascol
para encaminarme contenta
del santo suelo
al cielo azul.

XXXVI. La evidencia

El Doctor I toma notas en una carpeta. El Doctor II lo acorrala.
Doctor II: Están afuera.
Doctor I: Estoy ocupado.
Doctor II: Quieren verte.
Doctor I: Lo siento.
Doctor II: Son tres.
Doctor I: Tres o seis, no me importa.
Doctor II: Son una mujer rubia y un hombre moreno. Los trae Mr. Giner.
Doctor I: No quiero recibirlos.

Doctor II: No se moverán de la puerta.
Doctor I: ¿No entiendes? No quiero verlos.
Doctor II: Tendrás que hacerlo.
Doctor I: No quiero más problemas con esa gente.
Doctor II: Sólo habla con ellos.
Doctor I: Échalos de aquí.
Doctor II: Volverán otra vez.
Doctor I: Llama a la policía.
Doctor II:¿Quieres más escándalos?
Doctor I: Maldita mujer. Cuántos problemas nos ha traído.
Doctor II: Recíbelos.
Doctor I: ¿Y qué quiere esa gente?
Doctor II: Llevarse a Rita.
Doctor I: No podemos dársela al primero que pase.
Doctor II: ¿Por qué no?
Doctor I: Somos responsables de esa paciente.
Doctor II: ¿Ya olvidaste el juicio? Estamos demandados. Es nuestra oportunidad. Dejemos que se lleven a Rita.
Doctor I: ¿Y el juicio?
Doctor II: Quizá termine. No Rita, no juicio.
Doctor I: No estoy seguro de eso.
Doctor II: Nos acusan de haberla dañado. Sin Rita no habrá evidencia.
Doctor I: ¿Evidencia?
Doctor II: No habrá cuerpo del delito. ¿No te das cuenta? Rita cayó del cielo y del cielo nos cae la solución.

XXXVII. Una nueva vida te espera, Rita

Puente en El Paso, Texas. Giner fuma y mira pensativo hacia el lado mexicano. Rita, junto a él, espera inquieta. Lo mira interrogante. Viste ropa nueva, moderna.

Giner: No me mires así. No soporto esa mirada. ¿Me quieres reclamar algo? ¿O quieres saber dónde estamos? Estamos en la línea, en el borde, en el límite. ¿No lo sientes? Unos pasos más y estarás del otro lado. Mira las dos banderas. Aquélla, la del águila y la serpiente es la tuya. Mira, allá corre el Río Bravo. (*Rita retrocede asustada.*) No te asustes. No van a meterte al agua ni a obligarte a nadar. Tampoco vas a pasar en la cajuela de un carro. Irás sentada junto al chofer, como una turista. (*Rita se mira la ropa nueva.*

Se siente incómoda.) ¿No te gusta la ropa que te compramos? Te ves muy elegante. (*Rita sonríe, con picardía.*) ¿De qué te ríes? ¿Estás contenta? Yo no, Rita. Tengo un presentimiento. ¿Habremos hecho bien? ¿Qué te espera del otro lado? Vas a pasar a Juárez, sin problemas. Pero la bronca será en el kilómetro 28. ¿Qué vas a decirle al hombre que te pida tu identificación? Muéstreme sus papeles, te dirá.

RITA: No tiene.

GINER: Su pasaporte.

RITA: No tiene.

GINER: ¿FM1 o FM2?

RITA: No tiene.

GINER: ¿De dónde eres? Te preguntarán.

RITA: Yo tarahumara.

GINER: El país de los tarahumaras no existe.

RITA: Yo rarámuri.

GINER: Vamos, camina. En aquel carro te están esperando Belinda Ames y Arturo Limón. (*Rita no se mueve y mira con miedo hacia lo lejos.*) ¿O es que te quieres quedar acá? Acá de este lado no eres nadie. Sin lengua y sin papeles no tienes país. Si hablaras inglés podrías pasar por chicana, ¿pero así? Si te quedas aquí, los gringos te volverán a encerrar. (*Rita mira a Giner asustada.*)

RITA: No quiere. No.

GINER: Tranquila. Vas a cruzar la frontera con ellos. Ellos sabrán qué hacer contigo en Chihuahua.

RITA: ¿Chihuahua?

GINER: Si te quedas ahí, la policía puede aprehenderte otra vez. A lo mejor no ha prescrito tu delito.

RITA: Vamos Porochi.

GINER: Nadie quiere verte ahí. Que tal si te echan luego. Los familiares de tu marido te pueden matar a pedradas. (*Se escucha el sonido de un claxon que llama insistentemente.*) Ve. Te están esperando. (*Rita no se mueve. Mira hacia el sitio de donde provino el sonido y a los ojos de Giner, suplicante. Lo jala de un brazo.*) Entiende. Yo no puedo acompañarte. Yo de aquí me regreso. Tengo mis ocupaciones, Rita. Tengo mujer e hijos que mantener. Debo volver al trabajo. (*Pausa.*) Belinda y Arturo irán contigo. Ellos sabrán qué hacer por ti. Vamos. Muévete. Te están esperando. Al otro lado te irá mejor. Allá, cuando menos, saben quién eres. Volverás a Porochi. Hablarás tu lengua. Vestirás tus cinco faldas, comerás pinole y beberás tezgüino. Bailarás el yúmare y el pascol. Llevarás a tus chivas a pastar a las barrancas y beberás el agua del Río

Urique. Escucharás el viento entre las ramas de los pinos. Verás la salida del sol y dormirás tranquila en la noche tarahumara. Una nueva vida te espera, Rita. (*Rita mira asustada para todos lados. Giner la observa con ternura y compasión. Se acerca a ella, por la espalda y la envuelve en un cálido y fuerte abrazo, conmovido. Rita se deja abrazar, como un niño desvalido. Rita y Giner lloran en silencio. Pausa. Giner la suelta y Rita se aleja lentamente. Vuelve la cabeza para mirar a Giner. Duda.*) Vete, Rita. No mires atrás. Vete. (*Rita se aleja y desaparece.*)

XXXVIII. Navidad en Chihuahua

Giner: La Navidad pasada fui a Camargo a visitar a mi familia. En el Heraldo de Chihuahua leí un gran reportaje acerca de cómo pasaron su Nochebuena los internos del manicomio local. Venían fotos de viejos y viejas de mirada extraviada. Fui a verlos. El Psiquiátrico de Chihuahua no es el Hospital Larned de Kansas. ¿Así será el infierno? Si quieres conocer realmente un país, visita sus manicomios. Ahí, en medio del abandono, la suciedad y la tristeza, estaba Rita. Sola, ausente, perdida.

Bibliografía

Estudios generales

Adler, Heidrun y Adrián Herr, eds. *Extraños en dos patrias. Teatro latinoamericano del exilio*. Frankfurt/Madrid: Vervuert/Iberoamericana, 2003.

_____ y Jaime Chabaud, eds. *Un viaje sin fin. Teatro mexicano hoy*. Frankfurt/Madrid: Vervuert/Iberoamericana, 2004.

Alcántara Mejía, José Ramón. *Teatralidad y cultura: Hacia una estética de la representación*. México: Universidad Iberoamericana, 2002.

Albuquerque, Severino. *Violent Acts*. Detroit: Wayne State UP, 1991.

Argudín, Yolanda. *Historia del teatro en México: desde los rituales prehispánicos hasta el arte dramático de nuestros días*. México: Panorama Editorial, 1985.

Bixler, Jacqueline. *Convention and Transgression: The Theatre of Emilio Carballido*. Lewisburg: Bucknell UP, 1997.

_____. *Sediciosas seducciones: Sexo, poder y palabras en el teatro de Sabina Berman*. México: Escenología, 2004.

_____ and Laurietz Seda. *TransActing: Contemporary Latin American Theatre*. Lewisburg: Bucknell UP, 2009.

_____ and Stuart A. Day. *Voces en el umbral: El teatro de Rascón Banda*. México: Escenología, 2005.

Burgess, Ronald D. *The New Dramatists of Mexico, 1967-1985*. Lexington: The UP of Kentucky, 1991.

Dauster, Frank D. *Perfil generacional del teatro hispanoamericano*. Ottawa: Girol Books, 1993.

_____, ed. *Perspectives on Contemporary Spanish American Theatre*. Lewisburg: Bucknell UP, 1996.

Day, Stuart A. "Performing Mexico." *Re/Writing National Theatre Histories*. Ed. S.E. Wilmer. Iowa City: U of Iowa P, 2004.

_____. *Staging Politics in Mexico: The Road to Neoliberalism*. Lewisburg: Bucknell UP, 2004.

Del Río, Marcela. *Perfil y muestra del teatro de la Revolución Mexicana*. México: Fondo de Cultura Económica, 1997.

Eidelberg, Nora. *Teatro experimental hispanoamericano 1960-80. La realidad social como manipulación*. Minneapolis: Institute for the Study of Ideologies and Literatures, 1985.

Foster, David William. *Estudios sobre teatro mexicano contemporáneo: Semiología de la competencia teatral*. New York et al: Peter Lang, 1984 (Utah Studies in Literature and Linguistics, Vol. 25).

Larson, Catherine. *Games and Play in the Theater of Spanish American Women*. Lewisburg: Bucknell UP, 2004.

Leñero Franco, Estela. *Voces de teatro en México a fin de milenio*. México: CONACULTA, 2004.

Luzuriaga, Gerardo. *Introducción a las teorías latinoamericanas de teatro: 1930 al presente*. Puebla: Universidad Autónoma de Puebla, 1990.

Meléndez, Priscilla. *La dramaturgia hispanoamericana contemporánea: Teatralidad y autoconsciencia*. Madrid: Pliegos, 1990.

_____. *The Politics of Farce in Contemporary Spanish American Theatre*. Chapel Hill: North Carolina Studies in Romance Languages and Literatures, 2006.

Mijares, Enrique. "El teatro mexicano actual: Centro y fenómeno periférico." *Espacio escénico* 9-10 (2002): 6-15.

_____. *La realidad virtual del teatro mexicano*. México, D.F.: Juan Pablos: Durango: IMAC, 1999.

Milleret, Margo. *Latin American Women on/in Stages*. Albany: State U of New York P, 2004.

Misemer, Sarah. *Secular Saints: Performing Frida Kahlo, Carlos Gardel, Eva Perón and Selena*. Woodbridge: Tamesis, 2008.

Nigro, Kirsten F. "Twentieth-Century Theater." *Mexican Literature: A History*. Ed. David William Foster. Austin: U of Texas P, 1994. 213-42.

Partida Tayzan, Armando. *Dramaturgos mexicanos, 1970-1990: Biografía crítica*. México: INBA/CITRU, 1998.

_____. *Escena mexicana de los noventa*. México: CONACULTA/INBA/CITRU, 2003.

Paz, Octavio. *El laberinto de la soledad, Posdata, Vuelta a El laberinto de la Soledad*. México: Fondo de Cultura Económica, 1993.

Perales, Rosalina. *Teatro hispanoamericano contemporáneo, 1967-1987*. 2 vols. México: Grupo Editorial Gaceta, 1989-1993.

Proaño-Gómez, Lola. *Poéticas de la globalización en el teatro latinoamericano*. Irvine: Ediciones de Gestos, Colección Historia del Teatro 10, 2007.

Rizk, Beatriz J. *Teatro y diáspora: Testimonios escénicos latinoamericanos*. Irvine: Ediciones de Gestos, Colección Historia del Teatro 7, 2002.

Schmidhuber, Guillermo. *El teatro mexicano en cierne, 1922-1938.* New York et al: Peter Lang, 1992.

Taylor, Diana. *The Archive and the Repertoire: Performing Cultural Memory in the Americas.* Durham: Duke UP, 2003.

_____. *Theatre of Crisis: Drama and Politics in Latin America.* Lexington: U of Kentucky P, 1991.

_____ and Juan Villegas, eds. *Negotiating Performance: Gender, Sexuality and Theatricality in Latin/o America.* Durham: Duke UP, 1994.

Versényi, Adam. *Theatre in Latin America: Religion, Politics and Culture from Cortés to the 1980s.* Cambridge UP, 1993.

Villegas, Juan. *Ideología y discurso crítico sobre el teatro de España y América Latina.* Minneapolis: Prisma Institute, 1988.

_____. *Para la interpretación del teatro como construcción visual.* Irvine: Ediciones de Gestos, 2000.

_____. *Para un modelo de historia del teatro.* Irvine: Ediciones de Gestos, 1997.

Sabina Berman

Obras

1975	Esta no es una obra de teatro (Un actor se repara)
1978	El suplicio del placer (El jardín de las delicias)
1979	Yankee (Bill)
1981	Rompecabezas (Un buen trabajador de piolet)
1983	La maravillosa historia del Chiquito Pingüica. De cómo supo de su gran destino y de cómo comprobó su grandeza
1984	Herejía (Anatema y En el nombre de Dios)
1985	Águila o sol
1988	Muerte súbita
1988	Caracol y colibrí
1990	La grieta
1992	El pecado de tu madre
1992	Entre Villa y una mujer desnuda
1994	El gordo, la pájara y el narco
1996	Krisis
1998	Molière

2000   ¡Feliz nuevo siglo, Doktor Freud!
2000   65 contratos para hacer el amor
2002   eXtras (adaptación)
2004   Las marionetas del pene (adaptación)

Bibliografía selecta

A'ness, Francine. "Sabina Berman." *Dictionary of Literary Biography: Latin American Dramatists.* Ed. Adam Versényi. New York: Gale, 2005. 44-59.
Bixler, Jacqueline E. "Entre Berman y una historia desnuda." *Tramoya* 71 (2002): 107-15.
_____. "*Krisis*, Crisis, and the Politics of Representation" *Gestos* 26 (Nov. 1998): 83-97.
_____. "Performing Culture(s): Extras and Extra-Texts in Sabina Berman's *eXtras*." *Theatre Journal* 56.3 (October 2004): 429-44.
_____. "The Postmodernization of History in the Theatre of Sabina Berman." *Latin American Theatre Review* 30.2 (Spring 1997): 45-60.
_____. "Power Plays and the Mexican Crisis: The Recent Theatre of Sabina Berman." *Performance, pathos, política de los sexos.* Ed. Heidrun Adler y Kati Röttger. Frankfurt-Madrid: Vervuert-Iberoamericana, 1999. 83-99.
_____. Pretexts and Anti-PRI Texts: Mexican Theatre of the 90s." *Todo ese fuego. Homenaje a Merlin Forster.* Ed. Mara L. García y Douglas Weatherford. México: Editorial Ducere, 1999. 35-47.
_____. "El sexo de la política y la política del sexo en dos obras 'freudianas' de Sabina Berman y Jesusa Rodríguez." *Teatro XXI* 8.14 (2002): 8-11.
Burgess, Ronald D. "Bad Girls and Good Boys in Mexican Theatre in the 1990s." *Perspectives on Contemporary Spanish American Theatre.* Ed. Frank Dauster. Lewisburg: Bucknell UP, 1996. 67-76.
_____. "Nuestra realidad múltiple en el drama múltiple de Sabina Berman." *Texto Crítico* 2.2 (1996): 21-28.
_____. "Sabina Berman's Act of Creative Failure: *Bill.*" *Gestos* 2.3 (April 1987): 103-13.
_____. "Sabina Berman's Undone Threads." *Latin American Women Dramatists: Theater, Texts and Theories.* Ed. Catherine Larson and Margarita Vargas. Bloomington: Indiana UP, 1998. 145-58.
Ceron, Rocío. "Sabina Berman." *Elle* 2. 3 (marzo 1995): 46.
Costantino, Roselyn. "El discurso del poder en *El suplicio del placer* de Sabina Berman." *De la colonia a la postmodernidad: teoría teatral y crítica sobre teatro*

latinoamericano. Ed. Peter Roster y Mario Rojas. Buenos Aires: Galerna, 1992. 245-52.

Cypess, Sandra. "Ethnic Identity in the Plays of Sabina Berman." In *Tradition and Innovation: Reflections on Latin American Jewish Writing.* Ed. Roberto DiAntonio and Nora Glickman. State U of New York P, 1993. 165-77.

Day, Stuart A. "Berman's Pancho Villa versus Neoliberal Desire." *Latin American Theatre Review* 33.1 (Fall 1999): 5-23.

_____. "It's My (National) Stage Too: Sabina Berman and Jesusa Rodríguez as Public Intellectuals." *Studies in 20th & 21st Century Literature* 32.2 (2008): 386-411.

Gladhart, Amalia. *The Leper in Blue: Coercive Performance and the Contemporary Latin American Theater.* Chapel Hill: North Carolina Studies in Romance Languages and Literatures, 2000.

Hind, Emily. "Entrevista con Sabina Berman." *Latin American Theatre Review* 33.2 (Spring 2000): 133-39.

Magnarelli, Sharon. "Masculine Acts/Anxious Encounters: Sabina Berman's *Entre Villa y una mujer desnuda.*" *Intertexts* 1.1 (1997): 40-50.

_____. "Tea for Two: Performing History and Desire in Sabina Berman's *Entre Villa y una mujer desnuda.*" *Latin American Theatre Review* 30.1 (Fall 1996): 55-74.

Martínez de Olcoz, Nieves. "*Aguila o sol* de Sabina Berman: Archivo, memoria y re-escritura." *Teatro (Revista de Estudios Teatrales)* 11 (June 1997): 219-34.

_____. "Decisiones de la máscara neutra: Dramaturgia femenina y fin de siglo en América Latina." *Latin American Theatre Review* 31.2 (Spring 1998): 5-16.

Medina, Manuel F. "La batalla de los sexos: Estrategias de desplazamiento en *Entre Pancho Villa y una mujer desnuda* de Sabina Berman." *Revista Fuentes Humanísticas* 4.8 (1 semestre 1994): 107-11.

Meléndez, Priscilla. "Co(s)mic Conquest in Sabina Berman's *Águila o sol.*" *Perspectives on Contemporary Spanish American Theatre.* Ed. Frank Dauster. Lewisburg: Bucknell UP, 1996. 19-36.

_____. "Marx, Villa, Calles, Guzmán…: Fantasmas y modernidad en *Entre Villa y una mujer desnuda* de Sabina Berman." *Hispanic Review* 72.4 (Autumn 2004): 523-46.

Moreno, Iani del Rosario. "La cultura 'pulp' en dos obras: *Krisis* de Sabina Berman y *Pulp Fiction* de Quentin Tarantino." *Gestos* 13. 26 (November 1998): 676-82.

Nigro, Kirsten F. "Inventions and Transgressions: A Fractured Narrative on Feminist Theatre in Mexico." *Negotiating Performance: Gender, Sexuality and Theatricality in Latin/o America.* Ed. Diana Taylor and Juan Villegas. Durham: Duke UP, 1994. 137-58.

Partida Tayzan, Armando. "Entrevista a Sabina Berman." *Se buscan dramaturgos. Entrevistas I.* México: CONACULTA, 2002. 116-21.

Peláez, Silvia. "Entrevista con Sabina Berman: La comedia como forma de vida." *Oficio de dramaturgo.* México: Editarte, 2002. 63-85.

Rojas, Mario A. "*Krisis* de Sabina Berman y el escenario político mexicano." *Tradición, modernidad y posmodernidad.* Ed. Osvaldo Pellettieri. Buenos Aires: Galerna, 1999. 119-34.

Taylor, Diana. "*La pistola* de Sabina Berman: ¿violencia doméstica o envidia del pene?" *Antología crítica del teatro breve hispanoamericano 1948-1993.* Ed. María Mercedes Jaramillo y Mario Yepes. Antioquia: Editorial Universidad de Antioquia, 1997. 60-65.

Unruh, Vicky. "It's a Sin to Bring down an Art Deco: Sabina Berman's Theater among the Ruins." *PMLA* 122.1 (January 2007): 135-50.

Vargas, Margarita. "*Entre Villa y una mujer desnuda* de Sabina Berman." *Revista de Literatura Mexicana Contemporánea* 2.4 (1996): 76-81.

Woodyard, George. "La historia dramática de Luis de Carvajal: Perspectivas argentinas y mexicanas." *El teatro y su crítica.* Ed. Osvaldo Pellettieri. Buenos Aires: Galerna, Facultad de Filosofía y Letras (UBA), 1998. 105-12.

Zachman, Jennifer A. "El placer fugaz y el amor angustiado: metateatro, género y poder en *El suplicio del placer* de Sabina Berman y *Noches de amor efímero* de Paloma Pedrero." *Gestos* 16.31 (2001): 37-50.

Vicente Leñero

Obras

1968	Pueblo rechazado
1969	Los albañiles
1970	Compañero
1971	La carpa
1971	El juicio (Magnicidio)
1972	Los hijos de Sánchez (adaptación)
1979	La mudanza
1980	Alicia, tal vez

1981   Las noches blancas (adaptación)
1981   La visita del ángel
1983   Martirio de Morelos
1987   Jesucristo Gómez
1988   ¿Te acuerdas de Rulfo, Juan José Arreola?: Entrevista en un acto
1989   ¡Pelearán 10 rounds!
1990   Hace ya tanto tiempo
1992   La noche de Hernán Cortés
1995   Todos somos Marcos
1996   Qué pronto se hace tarde
1997   Los perdedores
1997   Don Juan en Chapultepec: Carlota, Maximiliano y José Zorrilla
1998   Nadie sabe nada

Bibliografía selecta

Bixler, Jacqueline E. "Historical (Dis)Authority in Leñero's *Martirio de Morelos*." *Gestos* 2 (November 1986): 87-97.
Bissett, Judith I. "Constructing the Alternative Version: Vicente Leñero's Documentaryand Historical Drama." *Latin American Theatre Review* 18.2 (Spring 1985): 71-78.
Day, Stuart A. "Foretelling Failure: Questioning the Mexican Political Left from Within." *Discourse* 30.2 (2001): 102-23.
_____. "Entrevista a Vicente Leñero." *Chasqui* 33.2 (Nov. 2004): 17-26.
_____. "Transposing Professions: Vicente Leñero and the Politics of the Press." *TransActing: Contemporary Latin American Theatre*. Ed. Jacqueline E. Bixler and Laurietz Seda. Lewisburg: Bucknell UP, 2009.
_____. "Vicente Leñero." *Dictionary of Literary Biography: Latin American Dramatists*. Ed. Adam Versényi. New York: Gale, 2005. 184-98.
Magnarelli, Sharon. "The Female Other: From the Visible Absence to Recasting the Other in Leñero's *La carpa* and *Señora*." *Gestos* 6 (April 1991): 45-61.
_____. "Una entrevista con Vicente Leñero." *Gestos* 3 (Nov. 1988): 140-47.
Meléndez, Priscilla. "Leñero's *Los albañiles*: Assembling the Stage/Dismantling the Theatre." *Latin American Literary Review* 21 (June 1993): 39-52.
_____. "On Leñero's *Martirio de Morelos*: Reading the Empty Stage." *Gestos* 7 (April 1992): 51-64.
Nigro, Kirsten F. "De la novela a las tablas: *Los albañiles* de Vicente Leñero." *Alba de América: Revista Literaria* 7 (July 1989): 233-43.

_____. "Entrevista a Vicente Leñero." *Latin American Theatre Review* 19.2 (Spring 1985): 79-82.

_____. *Lecturas desde afuera: ensayos sobre la obra de Vicente Leñero*. México: El Milagro, 1997.

_____. "La mudanza de *La mudanza* de Vicente Leñero." *Revista Canadiense de Estudios Hispánicos* 12 (Autumn 1987), 57-69.

_____. "Un revuelto de la historia, la memoria y el género: Expresiones de la posmodernidad sobre las tablas mexicanas." *Gestos* 9 (April 1994): 29-41.

Quackenbush, Howard L. "El espacio y el tiempo negativos en *Los fantoches* y *Jesucristo Gómez*." *Latin American Theatre Review* 31.2 (Spring 1998): 18-31.

Rea, Joan. "El conflicto de conciencias en los dramas de Vicente Leñero." *Latin American Theatre Review* 31.2 (Spring 1998): 97-105.

Víctor Hugo Rascón Banda

Obras (Compilado por Enrique Mijares)

Obras de su época estudiantil
1974   Nolens Volens
1975   Fuentes del Derecho
1976   De lo que aconteció a Litigenio y a su esposa Prudenciana con Fraudonio

Obras estrenadas profesionalmente
1979   Los ilegales
1982   Armas blancas (El abrecartas, La navaja, La daga)
1982   El baile de los montañeses
1983   Tina Modotti
1984   Manos arriba
1984   Voces en el umbral
1985   Máscara contra cabellera
1985   La fiera del Ajusco
1986   Ah, la ciencia (adaptación)
1987   El machete
1988   Cierren las puertas
1988   Querido Diego, te abraza Quiela (adaptación)
1989   Playa Azul

1990	Luces de Termidor
1991	Contrabando
1991	El criminal de Tacuba
1992	Alucinada
1992	Fugitivos
1993	Sabor de engaño
1993	El caso Santos
1994	Homicidio calificado
1995	Cada quien su vida (adaptación)
1995	Los ejecutivos
1995	Veracruz, Veracruz
1995	Póker de reinas
1996	Tabasco Negro
1996	Por los caminos del Sur
1997	La banca
1997	El otro Bob Dylan (adaptación)
1998	La Malinche
1999	La mujer que cayó del cielo
2000	La isla de la pasión
2002	El ausente
2003	Ahora y en la hora
2003	Sazón de mujer (DeSazón)
2003	El diván
2004	Hotel Juárez
2005	El deseo
2005	Apaches
2005	Cautivas
2005	Mujeres que beben vodka
2005	Los niños de Morelia
2007	Table dance

Obras sin estrenar
Balún Canán (adaptación)
Economía del crimen (adaptación)
El edificio
Guerrero Negro
La maestra Teresa
El muchacho azul (adaptación)
La víbora

Bibliografía selecta

Azor, Ileana. "La búsqueda de un espacio habitable en el limbo del dolor." *Reflexiones sobre el teatro*. Buenos Aires: Galerna, 2004. 61-67.

_____. "De la *Desazón* a la incertidumbre." *Tramoya* 82 (2005): 97-104.

Berrueco García, Adriana. *Rascón Banda, la dramaturgia como vehículo de concientización social*. Uruachi, Chihuahua, 2003

Bixler, Jacqueline E. y Stuart A. Day. *El teatro de Rascón Banda: Voces en el umbral*. México: Escenología, 2005.

Blanco, José. "Víctor Hugo Rascón Banda." *Dictionary of Literary Biography: Latin American Dramatists*. Ed. Adam Versényi. New York: Gale, 2005. 271-80.

Dauster, Frank. "Víctor Hugo Rascón Banda y el nuevo realismo." *Revista de Literatura Mexicana Contemporánea* 3.7 (1998): 88-93.

Galicia, Rocío. *Dramaturgia en contexto 1, diálogo con veinte dramaturgos del noreste de México*. México: FORCA Noreste, CONACULTA, INBA, CITRU, 2007.

Gann, Myra. "El teatro de Víctor Hugo Rascón Banda: Hiperrealismo y destino." *Latin American Theatre Review* 25.1 (Fall 1991): 77-88.

Mijares, Enrique. "*La Malinche* de Víctor Hugo Rascón Banda: Actualización del mestizaje." *Tramoya* 71 (2002): 67-77.

_____. "Producción reciente de Víctor Hugo Rascón Banda." *Latin American Theatre Review* 39.2 (Spring 2006): 67-82.

Partida Tayzan, Armando. "Dos piezas de Víctor Hugo Rascón Banda." *Homicidio calificado, El ausente*. México: Editores Mexicanos Unidos, 200. 5-8.

_____. "Víctor Hugo Rascón Banda." *Se buscan dramaturgos: Entrevistas*. México: CONACULTA, 2002. 305-12.

Peláez, Silvia. "Víctor Hugo Rascón Banda." *Oficio de dramaturgo*. México: Editarte, 2002. 169-218.

Rascón Banda, Víctor Hugo. *Teatro de Frontera 13/14*. Introducción y edición de Enrique Mijares. Durango: Editorial Espacio Vacío, UJED, 2004.

_____. *De cuerpo entero*. México: Corunda, UNAM, 1990.

Robles, Ricardo. *El sistema jurídico-político de los rarámuri: índole de su ancestral sistema jurídico, sentido e impartición de justicia, resistencia y legalidad*. Chiapas 8, 1999. México, Era: 187-206.

Sotelo, César Antonio. "La preponderancia del espectáculo en el teatro mexicano: *Las armas blancas*." *Revista de Literatura Mexicana Contemporánea* 1.2 (1996): 102-05.

In this Series

Woodyard, George, ed.
Fábula, sexo y poder: Teatro argentino al final del siglo XX. Lawrence, KS: LATR Books, 2009. [Roberto Cossa, *Yepeto*; Eduardo Rovner, *Volvió una noche*; Lucía Laragione, *Cocinando con Elisa*] Selección, estudios y bibliografía a cargo de George Woodyard. [Colección Antología Frank Dauster No. 1].

Lepeley, Oscar, ed.
Teatro chileno y dictadura: Cuatro obras contestatarias. Lawrence, KS: LATR Books, 2009. [Gustavo Meza y Juan Radrigán, Teatro Imagen, *¡¡¡Viva Somoza!!!*; Fernando Gallardo, *Carrascal 4000: Una calle*; David Benavente, *Tejado de vidrio II*; Jaime Vadell, Teatro La Feria, *A la Mary se le vio el Poppins*] Selección, edición y comentarios a cargo de Oscar Lepeley. [Colección Antología Frank Dauster No. 3]

Bixler, Jacqueline E., ed.
Historias para ser contadas: tres obras de Alejandro Ricaño. Lawrence, KS: LATR Books, 2012. Selección e introducción de Jacqueline E. Bixler. [Colección antología Frank Dauster No. 4].

Farnsworth, May Summer, Camilla Stevens and Brenda Werth, eds.
Escrito por mujeres II. Lawrence, KS: LATR Books, 2013. [Colección Antología Frank Dauster No. 5]